100 Fragen zum Umgang mit dem Gerichtsvollzieher

Andrea Runge

Bibliografische Information der Deutschen Nationalbibliothek
Die Deutsche Nationalbibliothek verzeichnet diese Publikation in der
Deutschen Nationalbibliografie; detaillierte bibliografische Daten
sind im Internet über http://dnb.d-nb.de abrufbar.

1.   Auflage © 2012 Striker Verlag
Autor: Runge, Andrea
Grafik: Ronny Stürmer
Buchblock u. Korrektur: Texteragentur-Gifhorn
Herstellung und Verlag: Books on Demand GmbH, Norderstedt
ISBN 9783844804911

Vorwort

Sie haben Schulden und leben mit der Angst, dass der Gerichtsvollzieher bald vor Ihrer Tür steht?

Hat er sich vielleicht schon angekündigt?

Und Sie wissen nicht weiter?

Erst einmal eins vorweg: Schulden hat heute fast jeder Bundesbürger. Also nur keine falsche Scham, die ganze Welt ist zurzeit verschuldet.

Noch nie gab es so viele Schulden auf der ganzen Welt, dafür ist Griechenland das aktuellste Beispiel. Doch auch der deutsche Staat hat eine Haushaltsverschuldung, die jeden Rahmen sprengt. Banken steuern von einer Krise in die nächste und verursachen in Millionenhöhe Schulden. Also Kopf hoch, Sie befinden sich in illustrer Gesellschaft.

Aber was bei Managern und Beamten mit Abfindungen in horrender Höhe belohnt wird, kann bei Ihnen zu empfindlichen Sanktionen führen bis zur Eidesstattlichen Versicherung und dem unvermeidlichen Besuch des Gerichtsvollziehers.

Der Gerichtsvollzieher scheint schlechthin das Schreckgespenst für Schuldner zu sein. Kaum jemand scheint wirklich zu wissen, was der Beamte tatsächlich darf und was nicht.

Dazu kommt, dass einige Autoren unverantwortlich und sehr teuer dubiose Tipps geben, um den Gerichtsvollzieher angeblich „Schach matt" zu setzen.

Das Resultat ist erschreckend. Statt eine wirkliche Hilfe durch diese Bücher zu erhalten, haben sich viele Schuldner nun auch strafbar gemacht und außerdem jede Menge Geld verloren.

Derzeit häufen sich Horrorgeschichten über Gerichtsvollzieher und ihr Tun in den Internetforen.

Vermeintlich gute Tipps stellen sich meist als Belehrungen ohne viel Wahrheitsgehalt heraus und sorgen für ein gravierend falsches Verhalten der Schuldner.

Die Folge sind noch mehr Vorurteile und eine größer werdende Verwirrung über die Rechte eines Schuldners gegenüber dem Gerichtsvollzieher.

Oder wissen Sie, ob der Gerichtsvollzieher unangekündigt Ihre Wohnung betreten darf?

Was tun, wenn der Gerichtsvollzieher Gegenstände Ihres Partners pfänden will?

Wie sieht es eigentlich mit einer Lohnpfändung aus? Darf alles gepfändet werden?

Diese Fragen zeigen schon, wie unklar den meisten ist, wozu ein Gerichtsvollzieher eigentlich berechtigt und mit welchen Rechten er ausgestattet ist.

Um etwas Licht ins Dunkel rund um den Gerichtsvollzieher und seine Vollmachten zu bringen, haben wir die 100 am meisten gestellten Fragen in über 573 Internetforen ausgewertet. Diese beantworten wir Ihnen umfassend, aktuell und fundiert.

Falls noch mehr Fragen auftreten, deren Beantwortung Sie nicht in diesem Buch finden, dann sollten Sie sich unseren Ratgeber „Alles Wissenswertes zum Umgang mit dem Gerichtsvollzieher" zulegen.

Ich wünsche Ihnen viel Erfolg.

Andrea Runge   August 2012

Wer ist der Gerichtsvollzieher?

Den Beruf des Gerichtsvollziehers gibt es tatsächlich seit dem Mittelalter und ist somit einer der ältesten Berufe.

Doch seit dem Mittelalter hat sich das Bild des Gerichtsvollziehers entscheidend verändert. Er stellt in der heutigen Zeit mehr einen **Vermittler zwischen dem Schuldner und dem Gläubiger** dar, wobei die Anforderungen an die Persönlichkeit des Beamten in den letzten Jahren stark gestiegen sind.

So arbeiten Gerichtsvollzieher zunehmend in sozialen Brennpunkten, wobei sie gleichzeitig Funktionen wie Berater und Therapeut abdecken. In der Praxis weisen sie häufig dem Schuldner legale Wege auf, durch welche sie dem gefürchteten Offenbarungseid (heute die eidesstattliche Versicherung) ausweichen können.

Dennoch gibt es Gerichtsvollzieher, die diesem Bild bei weitem nicht entsprechen und lieber dem Klischee des Angst verbreitenden Beamten nacheifern. Gründe dafür sind oft die vermeintliche Allmachtstellung des Gerichtsvollziehers oder das Abstumpfen durch die negative Erlebnisse bzw. langjährige Erfahrungen des Beamten.

Die von der Gewerkschaft empfohlene psychologische Betreuung wird in den wenigsten Gemeinden und Städten den Gerichtsvollziehern angeboten oder aus Zeitmangel nicht in Anspruch genommen.

Das ist sehr schade, denn darunter leidet zunehmend die Qualität der Arbeit der Gerichtsvollzieher und immer mehr Schuldner setzen sich zu Recht gegen die Willkür solcher Beamten zur Wehr.

Tatsache ist jedoch, dass heute niemand mehr ängstliche Bedenken haben muss, wenn der Gerichtsvollzieher sich ankündigt.

Der Beamte hat keinerlei persönlichen Vorteile dadurch, dass er eine Pfändung durchführt und er hat auch nichts gegen den Schuldner.

Es ist eben ein Beruf wie jeder andere, welcher leider durch massive Unwissenheit mit einem negativen Image behaftet ist.

Was sind die gesetzlichen Grundlagen für den Gerichtsvollzieher?

Einige Schuldner stellen im Internet die Behauptung auf, dass der Gerichtsvollzieher seine Macht missbrauchen würde oder überschreiten würde, indem er seine Tätigkeit ausübt.

Doch durch den **Vollstreckungsbescheid sowie weitere gesetzliche Bestimmungen des BGBs, ZPO und GVG** erhält aber der Beamte im vollen Umfang seine Handlungsfähigkeit.

Bei der Durchführung seiner Dienstgeschäfte ist der Gerichtsvollzieher an die Geschäftsanweisung für Gerichtsvollzieher (**GVGA**) gebunden, bei schuldhaftem Verstoß liegt eine Amtspflichtverletzung vor.

Die Dienst- und Geschäftsverhältnisse der Gerichtsvollzieher sind durch die **GVO**, landesrechtlichen Gerichtsvollzieherordnungen, geregelt.

Da wäre zum einen der **§ 154 des GVG** (Gerichtsverfassungsgesetz). Hier wird der Gerichtsvollzieher als **Zustellungs- und Vollstreckungsbeamter** bezeichnet, welcher durch den Bundesgerichtshof, das

Bundesministerium für Justiz wie die Landesjustizministerien bestimmt wird. Das Verhältnis zwischen dem Beamten zu den Gerichten wird auf die Zustellung, Vollstreckung und Ladungen festgelegt.

§ 161 GVG (Gerichtsverfassungsgesetz) sagt aus, dass Gerichte, Staatsanwaltschaften im Rahmen der **Rechtshilfe** einen Gerichtsvollzieher beauftragen können, in dessen Amtsbezirk der Auftrag auszuführen ist.

§ 192 bis 194 ZPO (Zivilprozessordnung) regelt die **Zustellung von Dokumenten** durch den Gerichtsvollzieher. Somit ist also der Beamte berechtigt, Schriftstücke dem Schuldner zu übergeben.

§ 753 ZPO Abs. 1 (Zivilprozessordnung) besagt, dass der Gerichtsvollzieher die **Zwangsvollstreckung** durchführen darf.

§ 755 ZPO (Zivilprozessordnung) ermächtigt unter anderem den Gerichtsvollzieher sämtlichen **Handlungen im Zusammenhang mit der Zwangsvollstreckung und Entgegennahme von Zahlungen**, welche er dem Schuldner quittieren muss.

§ 807 ZPO (Zivilprozessordnung) erlaubt dem Gerichtsvollzieher dem Schuldner die

Eidesstattliche Versicherung abzunehmen und regelt die Vorgehensweise dabei.

Die **§§ 753 bis 931 ZPO** (Zivilprozessordnung) geben dem Beamten umfassende Vollmacht für jegliche **Formen der Zwangsvollstreckung, Pfändung und anderen Aufgaben** des Gerichtsvollziehers.

§ 132 BGB Abs. 1 (Bürgerliches Gesetzbuch) erklärt, dass auch durch den Gerichtsvollzieher **zugestellte Willenserklärungen** als zugegangen gewertet werden. Was wiederum bedeutet, dass der Gerichtsvollzieher mit der Zustellung von Schriftstücken beauftragt ist und dies durch den vorliegenden Paragraphen untermauert wird.

Gleiches gilt für **§ 383 BGB Abs. 3**. Hier wird als einer der **Verantwortlichen für versteigerungsunfähige Sachen** der Gerichtsvollzieher benannt.

§ 13 AGGVG (Ausführungsgesetz GVG) zählt die einzelnen **Aufgaben und Zuständigkeiten** des Gerichtsvollziehers nach geltendem Landesrecht auf.

Diese Auszüge aus den verschiedenen Gesetzen zeigen eindeutig, dass die Tätigkeiten des Gerichtsvollziehers durchaus durch den Staat und die Gesetze legitimiert sind.

Welche Aufgaben hat der Gerichtsvollzieher?

Der Gerichtsvollzieher ist sowohl für den **Gläubiger als auch für den Schuldner zuständig** und damit ist das Aufgabengebiet entsprechend weit gefächert.

Nach der Definition im **§ 154** des Gerichtsverfassungsgesetzes (GVG) ist der Gerichtsvollzieher ein Beamter, der mit <u>Zustellungen, Ladungen und Vollstreckungen</u> betraut ist.

Die Befugnisse und Aufgaben von Gerichtsvollziehern sind einheitlich in der Gerichtsvollzieherordnung (**GVO**) geregelt und gesetzlich durch das **BGH** und die **ZPO** u.a. genehmigt.

Daneben beschreibt die Geschäftsanweisung für Gerichtsvollzieher (**GAGV**) im Einzelnen, wie der Beamte seine Tätigkeit auszuüben hat. Diese Vorschrift ist jedoch reine Verwaltungsvorschrift.

Ein Verstoß dagegen stellt eine **Amtspflichtverletzung** dar, die unter Umständen einen Amtshaftungsanspruch begründen kann.

Die bekannteste Aufgabe des Beamten ist wohl die **Zwangsvollstreckung**, sofern das Vollstreckungsgericht dafür nicht zuständig ist (§ 753 Zivilprozessordnung, ZPO). Auf die näheren Einzelheiten gehen wir später in diesem Abschnitt ein.

Zu den weiteren Aufgaben des Gerichtsvollziehers zählen:

> ➤ **Abnahme der Eidesstattlichen Versicherung** vor Ort (z.B. in der Wohnung des Schuldners)

> ➤ **Zustellung im Parteibetrieb** (§§ 191 ff. ZPO)

> ➤ **Aufnahme von Wechsel- und Scheckprotesten** (Art. 79 Absatz 1 Wechselgesetz; Art.55 Absatz 3 Scheckgesetz)

> ➤ **Verwertung der gepfändeten Sachen durch öffentliche Versteigerung** (§§ 814 ff. ZPO)

> ➤ **Durchführung der Zwangsvollstreckung bei der Herausgabe von Grundstücken und Schiffen** gemäß § 885 ZPO

- ➤ Räumungen von Wohnraum, gewerblichen Räumen und Grundstücken

- ➤ Durchführung der Vorpfändung

- ➤ die Vollstreckung der Herausgabe von Sachen und Personen

- ➤ die Vollziehung von Arresten und einstweiligen Verfügungen

- ➤ Zustellung von Titeln, Urkunden und sonstigen Schriftstücken.

Wo ist der Unterschied zwischen Gerichtsvollzieher und Obergerichtsvollzieher?

Wer auf seinem Schreiben die Berufsangabe „Obergerichtsvollzieher" liest, der fragt sich, wieso der Chef des eigentlichen Gerichtsvollziehers zu Ihnen kommt. Hier sitzen Sie einem Irrtum auf, denn nicht der Vorgesetzte kommt zu Ihnen.

Rein rechtlich gibt es **keinen Unterschied** zwischen beiden Bezeichnungen. Im Prinzip handelt es bei dem Obergerichtsvollzieher nur um einen **höheren Besoldungsgrad**. Dieser ist meistens abhängig von den Jahren, die ein Gerichtsvollzieher in seinem Beruf gearbeitet hat. Zusätzlich soll er einen **Karriereanreiz** für den Berufsstand des Gerichtsvollziehers darstellen, damit die Fluktuation nicht so hoch ist.

Betrachtet man die vielfältigen Belastungen, denen diese Beamten täglich ausgesetzt sind, so ist ohne Karrierechancen mit einer weitaus höheren Ausstiegsrate aus diesem Beruf zu rechnen. Hier versucht der Gesetzgeber, mit einer <u>höheren Besoldungsstufe und dem Titel des „Obergerichtsvollziehers"</u> dieser Fluktuation vorzubeugen.

Zu welcher Behörde gehört der Gerichtsvollzieher?

Laut der Verordnung über die Dienst- und Geschäftsverhältnisse des Gerichtsvollziehers (**GVBI Buch I § 1**) gehören in Deutschland Gerichtsvollzieher zu dem zuständigen Amtsgericht.

Das heißt für Sie:

Möchten Sie eine Beschwerde gegen den Gerichtsvollzieher einlegen, dann wenden Sie sich an das **Amtsgericht**, das für Sie zuständig ist. Denn das ist die Behörde, zu welcher die Gerichtsvollzieher zählen.

Häufig wird die oberste Finanzbehörde einen Bundeslandes als zuständig für Gerichtsvollzieher angegeben. Das ist aber nicht richtig.

Nur in Fällen von wiederholt nicht richtigen Kostenrechnungen des Gerichtsvollziehers wird die Finanzbehörde eingeschaltet. Dies geschieht aber auch über das **Amtsgericht** und den jeweiligen aufsichtsführenden Richter.

Einen direkten Vorgesetzten in der üblichen Form gibt es für den Gerichtsvollzieher nicht.

Trotzdem untersteht der Beamte dem **aufsichtsführenden Richter** am zuständigen Amtsgericht.

Das bedeutet, dass der Gerichtsvollzieher **rechenschaftspflichtig gegenüber dem Amtsgericht und dem jeweiligen Richter** ist.

Wollen Sie sich also über eine Verfehlung des Beamten beschweren, dann fragen Sie am besten im Amtsgericht nach, welcher Richter für den Gerichtsvollzieher zuständig ist.

Sollte aber die Handlung des Beamten eine Straftat darstellen, dann wenden Sie sich direkt an die Polizei und erstatten dort Anzeige.

Welche Bedeutung hat der Pfändungs- und Überweisungsbeschluss?

Der Pfändungs- und Überweisungsbeschluss (auch **PfÜB** oder **PfÜ** genannt) ist eine der wichtigsten **Voraussetzungen** für die Pfändung überhaupt. Ohne diesen Beschluss kann der Gerichtsvollzieher nicht bei Ihnen pfänden.

In dem Pfändungs- und Überweisungsbeschluss muss folgendes enthalten sein:

- den Namen des Schuldners
- den Namen des Gläubigers
- den Namen des Drittschuldners
- die Angabe über die Forderung
- die Bezeichnung des gepfändeten Anspruchs
- die Kontoverbindung des Gläubigers
- der Ausspruch der Pfändung
- das Verbot an den Drittschuldner, an den Schuldner die gepfändete Forderung zu leisten
- das Gebot an den Schuldner, sich des Einzugs des Anspruchs zu enthalten

Wo finde ich den für mich zuständigen Gerichtsvollzieher?

Egal, ob Schuldner oder Gläubiger, kaum jemand weiß, wie die Zuständigkeit von Gerichtsvollziehern geregelt ist. Wenn Sie glauben, dass die Örtlichkeit des Büros ausschlaggebend sei, dann irren Sie sich.

Die Bundesländer haben eine sehr unterschiedliche und undurchschaubare Ordnung bei den Zuständigkeitsbereichen von Gerichtsvollziehern zu Grunde gelegt.

Und diese „Ordnung" wird noch einmal von den für Sie zuständigen Amtsgerichten durcheinander gewirbelt. Da die Amtsgerichte für die Verteilung der Gerichtsvollzieher in einem Landkreis ausschlaggebend sind. Auch im Internet herrscht allgemein Ratlosigkeit, wenn es um diesen Punkt geht.

Das ist aber kein Grund zum Verzweifeln. Rufen Sie bei dem **für Sie zuständigen Amtsgericht** an. Dort gibt Ihnen die **Verteilerstelle für Gerichtsvollzieher** die Adresse wie die weiteren Verbindungsdaten des zuständigen Beamten.

Was darf ein Gerichtsvollzieher nicht?

Im Zusammenhang mit dem Gerichtsvollzieher besteht eine große Unsicherheit in der Öffentlichkeit darüber, was dieser eigentlich nicht darf.

> Zum Beispiel müssen Sie <u>ohne richterlichen Beschluss</u> den Gerichtsvollzieher **nicht in die Wohnung** lassen.

> Eine **Durchsuchung der Wohnung** darf der Gerichtsvollzieher nur auf der <u>Grundlage eines gerichtlichen Beschlusses</u> vornehmen. Diesen muss er vorweisen.

> Wer aber nichts zu verbergen hat, der sollte die Besichtigung zulassen auch ohne Durchsuchungsbefehl.

> **Räume von Dritten** wie Ihres Lebenspartners oder Ihrer Kinder darf der Gerichtsvollzieher zwar betreten, aber darin nicht pfänden.

➢ **Die Bankverbindung und die Arbeitsstelle** darf der Beamte nur im Zusammenhang mit der Eidesstattlichen Versicherung erfragen. Sonst brauchen Sie darüber keine Auskunft geben.

➢ **Ohne Legitimation und den entsprechenden Beschluss** brauchen Sie mit dem Gerichtsvollzieher nicht reden und ihm keine Zahlung zu leisten.

Grundsätzlich muss sich der Gerichtsvollzieher bei Ihnen ausweisen und Ihnen als Vollmacht das Schriftstück vorlegen, auf Grund dessen er tätig geworden ist.

➢ **Bargeld** darf nur gepfändet werden, wenn es den Pfändungsfreibetrag übersteigt. Der Gerichtsvollzieher ist verpflichtet, Ihnen die <u>Pfändungsgrenzen vorzurechnen</u> und muss Ihnen **eine Quittung über den einbehaltenen Betrag** ausstellen.

Deckt das gepfändete Geld den Schuldbetrag, so muss der Beamte Ihnen den **entwerteten Schuldtitel** aushändigen.

➢ Der Gerichtsvollzieher darf nichts **über den Wert der Schuld** pfänden.

Das heißt also, der Beamte darf nicht wie **wild seine Aufkleber** in Ihrer Wohnung oder auf Wertgegenständen verteilen. Deckt ein Gegenstand die Schuld, dann reicht hier das Siegel völlig aus.

➢ Der § 155 GVG setzt dem Gerichtsvollzieher aber auch Grenzen, wenn er in einem **verwandtschaftlichen** oder selbst betroffenen **Verhältnis** zu Ihnen oder dem Gläubiger steht.

In diesem Fall darf der Gerichtsvollzieher **nicht tätig** werden und das Amtsgericht bestimmt einen anderen Gerichtsvollzieher.

Anhand dieser Verordnungen und Bemerkungen können Sie sehen, dass der zu Ihnen kommende Beamte **nicht allmächtig** ist.

Sie haben durchaus die Möglichkeit, einige Dinge der Person zu verweigern. Die Frage ist nur, wie **sinnvoll** solche Aktionen sind. Deshalb wägen Sie genau ab, was Sie tun wollen.

Kann der Gerichtsvollzieher mich in aller Öffentlichkeit pfänden?

Nein, das kann und darf er nicht. Die Grundlage hierfür bildet **§ 104 der GVGA** (Gerichtsvollziehergeschäftsanweisung):

„Bei der Zwangsvollstreckung wahrt der Gerichtsvollzieher neben dem Interesse des Gläubigers **auch das des Schuldners**, soweit dies ohne Gefährdung des Erfolgs der Zwangsvollstreckung geschehen kann.

Er **vermeidet jede unnötige Schädigung oder Ehrenkränkung des Schuldners** und die <u>**Erregung überflüssigen Aufsehens**</u>.

Er ist darauf bedacht, dass nur die unbedingt notwendigen Kosten und Aufwendungen entstehen.

Auf etwaige Wünsche des Gläubigers oder des Schuldners hinsichtlich der Ausführung der Zwangsvollstreckung nimmt der Gerichtsvollzieher Rücksicht, soweit es ohne überflüssige Kosten und Schwierigkeiten und ohne Beeinträchtigung des Zwecks der Vollstreckung geschehen kann."

Einige Gerichtsvollzieher haben diese Anweisung leider im Laufe der Zeit vergessen und setzen auf solche Dinge wie **Einschüchterung, Scham und Demütigung**, in dem sie in aller Öffentlichkeit den Schuldner bloß stellen. Das müssen Sie sich nicht gefallen lassen.

> ➤ **Tipp:** Sollte Ihnen solch ein Verhalten bei einem Gerichtsvollzieher begegnen, dann haben Sie folgende Möglichkeiten:
>
> Sie können höflich den Gerichtsvollzieher **einen anderen Termin vorschlagen**, an dem Sie sich mit ihm zusammensetzen und die ganze Angelegenheit besprechen.
>
> Sollte dies der Beamte ablehnen und weiterhin auf seinem Ansinnen bestehen, dann lassen Sie ihn stehen, nachdem Sie sich seine Karte haben geben lassen.
>
> Zu Hause sollten Sie umgehend eine **Dienstaufsichtsbeschwerde** an das zuständige Amtsgericht fertig machen, in welchem Sie den Vorgang beschreiben und möglichst Zeugen benennen.

Gibt es Vorschriften, wie sich der Gerichtsvollzieher mir gegenüber verhalten soll?

Ja, die gibt es. Sie sind etwas versteckt in der **GVGA**, Gerichtsvollziehergeschäftsanweisung. Hier wird der Umgang des Gerichtsvollziehers mit Ihnen, als Schuldner, aber auch mit dem Gläubiger gesetzlich geregelt.

§ 104 GVGA sagt genau aus, **wie das Verhalten des Beamten Ihnen gegenüber gestaltet** werden sollte. Die meisten Gerichtsvollzieher halten sich auch daran.

Aber einige Beamte haben wohl im Laufe der Zeit vergessen, dass ein paar der obersten Regeln zum Beispiel Rücksichtnahme, Höflichkeit und Verhältnismäßigkeit bedeuten.

So hat der Gerichtsvollzieher durchaus einen **Ermessensspielraum** zum Beispiel bei den Pfändungen. Das ist festgehalten in **§ 120 Absatz 1 GVGA**.

Welche Bedeutung hat das Pfandsiegel (Kuckuck)?

Das Pfandsiegel wird auch allgemein Kuckuck genannt. Es ist das bekannteste Hilfsmittel des Gerichtsvollziehers.

Mit dem Pfandsiegel kennzeichnet der Beamte die **gepfändeten Gegenstände**, die er später abholen lässt.

Dieses Siegel darf nicht von Ihnen **gebrochen oder entfernt** werden, das stellt eine Straftat dar.

Gegenstände mit dem Pfandsiegel können Sie auch **nicht verstecken oder selbst verkaufen**. Auch das stellt eine Straftat dar.

> ➤ **Tipp:** Sie dürfen manche Gegenstände weiter benutzen, wenn es der Gläubiger erlaubt. Aber ein **Auto** muss stehen bleiben, da hier die **Unfallgefahr** einfach zu hoch ist.

Erste Kontaktaufnahme – wie verhalte ich mich richtig?

Im Normalfall schreibt Sie der Gerichtsvollzieher erst einmal an. Er teilt Ihnen in dem Schreiben mit:

- ✓ was gegen Sie vorliegt,

- ✓ wie hoch die zu pfändende Summe ist

- ✓ und bittet Sie, diese zu überweisen.

- ✓ Dazu teilt er Ihnen das Aktenzeichen

- ✓ und seine Kontoverbindung mit.

Gleichzeitig wird er Sie auffordern, **Kontaktdaten mitzuteilen**, wie Emailadresse und Telefonnummer.

Das dient nur der schnelleren Kontaktaufnahme, falls er doch zu Ihnen kommen muss.

Falls Sie bereits ein **Schreiben** von Ihrem zuständigen Beamten vorliegen haben, indem er **sein Kommen** ankündigt, so beherzigen Sie bitte folgende Ratschläge im Umgang mit dem Gerichtsvollzieher:

- Als erstes sollten Sie sich darüber bewusst sein, dass man die **Schulden bezahlen muss** und es wird nur umso teurer, je länger Sie damit wartet.

- Beherzigen Sie auch folgendes: Die Schulden sind da und **Sie sind dafür verantwortlich**, egal, welche Ursachen Ihre Geldnot hat. Es nutzt niemanden etwas, wenn Sie den Gerichtsvollzieher für Ihre Schulden verantwortlich machen. **Er übt nur seinen Beruf aus**.

  Letztlich kann er Ihnen helfen oder Ihnen einen Menge Ärger verursachen, wenn Sie aggressiv oder beleidigend ihm gegenüber reagieren.

- Bleiben Sie **ruhig**. Das erste Schreiben oder der erste Besuch des Gerichtsvollziehers dient einer **sondierenden Kontaktaufnahme**.

  Zum einen möchte der Beamte von Ihnen erfahren, wie er Sie erreichen kann und zum anderen ob Sie eine **Bereitschaft** haben und wie **Ihre Möglichkeiten** sind, um die Schuld zu bezahlen.

- Bitte denken Sie daran, dass Sie **sachlich** und **korrekt** bleiben.

Handeln Sie nach dem Motto: Wie man in den Wald hineinruft, so schallt es heraus. Dieses Sprichwort beinhaltet viel Wahres. Sind Sie höflich, dann können Sie damit rechnen, dass der Beamte es auch ist.

➢ Legen Sie die **relevanten Unterlagen** zurecht, wie Einkommensnachweise, alles zu dem Verfahren einschließlich eventuell geleisteter Zahlungen.

➢ Lassen Sie den Gerichtsvollzieher die **Wohnung betreten** bzw. bitten Sie ihn herein.

Alles andere wirkt verheimlichend, unglaubwürdig oder ablehnend. Falls Sie grade eine Grippeepidemie Ihrer Kinder haben und alles unordentlich aussieht, dann sagen Sie dies dem Beamten. Er kann selbst entscheiden, ob er sich dem aussetzen möchte oder an einem anderen Tag wiederkommt.

Aufgepasst! Sie haben allerdings auch das Recht, dem Gerichtsvollzieher den **Zutritt zu Ihrer Wohnung zu verweigern**. Das ist zwar wenig sinnvoll, denn es hat nur aufschiebende Wirkung.

Der Beamte kommt mit der Polizei, dem Schlüsseldienst und einem richterlichen Beschluss zurück, der es ihm erlaubt, Ihre Wohnung öffnen zu lassen.

Das verursacht wieder Mehrkosten für Sie, die nicht sein müssen. Außerdem belasten Sie den Kontakt zu dem Gerichtsvollzieher. Und wer weiß, ob er nicht wieder einmal für Sie zuständig ist.

➢ **Seien Sie ehrlich**. Gerichtsvollzieher haben viel Verständnis für Ihre Situation, doch sie sind auch erfahren genug, um Lügen zu erkennen.

Der Beamte weiß um die vielfältigen, möglichen Ursachen von finanziellen Problemen, also brauchen Sie sich nicht zu schämen.

Allerdings kann man **zu manchen Dingen schweigen**. So geht es den Beamten nichts an, wie die Kinder und ihr Partner finanziell da stehen.

➢ Wenn Sie irgendwelche **Fragen** haben, dann stellen Sie diese dem Gerichtsvollzieher. Er wird Ihnen gern Auskunft geben.

Zusammengefasst raten wir Ihnen, Ihr Gespräch mit dem Gerichtsvollzieher **kooperativ, freundlich, offen und ehrlich zu gestalten**.

Bereiten Sie den Besuch bzw. das Gespräch mit dem Beamten vor, indem Sie **alle notwendigen Unterlagen** in einem Ordner griffbereit haben. So etwas verkürzt den Besuch erheblich und kommt dem Gerichtsvollzieher entgegen.

31

Habe ich jetzt noch Möglichkeiten, um die Pfändung aufzuhalten?

Ja, die haben Sie. Auch wenn sich der Gerichtsvollzieher angekündigt hat, so bleiben Ihnen immer noch einige Möglichkeiten offen.

- Es steht Ihnen zum Beispiel frei, mit dem **Gläubiger Kontakt** aufzunehmen und **eine Ratenzahlung** zu vereinbaren. Sie müssen dann nur von dieser Vereinbarung den Gerichtsvollzieher in Kenntnis setzen.

- Suchen Sie umgehend einen **Schuldnerberater** auf. Das DRK, die AWO oder kirchliche Einrichtungen bieten die erforderlichen Hilfen kostenfrei an. Die Mitarbeiter dort können Ihnen noch effektiv helfen und den Besuch des Gerichtsvollziehers vermeiden.

- Sie können auch einen **Anwalt** mit dieser Angelegenheit beauftragen. Das lohnt sich aber nur, wenn Sie eine Rechtsschutzversicherung haben oder die Forderung nicht zu Recht besteht.

- Ist Ihnen eine Zahlung absolut nicht möglich und Ihre Schulden sind zu hoch, dann informieren Sie sich beim Gerichtsvollzieher über eine **Privatinsolvenz**. (Buchempfehlung: „100 Fragen zur Privatinsolvenz" von Andrea Meiling)

- Wandeln Sie Ihr Konto in ein **pfändungsfreies Konto** um. Oder richten Sie sich so ein Konto ein.

  Damit sind Kontopfändungen erst einmal begrenzt oder auch gar nicht möglich. Das ist abhängig von den Pfändungsfreibeträgen.

  Damit können Sie wichtige Zahlungen weiter erhalten und darüber verfügen.

- Fragen Sie beim Gerichtsvollzieher an, ob eine **Ratenzahlung an ihn** möglich ist.

  Normalerweise wird das im Schreiben des Beamten auf der Rückseite aufgeführt, ob diese Form der Tilgung

Ihrer Schuld durch den Gläubiger erlaubt ist.

- Auch ein **Zahlungsaufschub** bzw. eine **Stundung** ist eine gute Möglichkeit. Fragen Sie beim Gerichtsvollzieher nach. Unter **bestimmten Voraussetzungen** darf der Beamte Ihnen diesen Aufschub gewähren.

Was sind die Voraussetzungen für das Kommen des Beamten?

Eine wichtige Voraussetzung dafür, dass der Gerichtsvollzieher bei Ihnen klingelt, ist erst einmal, dass gegen Sie ein **vollstreckbarer Titel** vorliegt.

Auf der Grundlage dieses Titels (meistens ein Vollstreckungsbescheid oder ein Notarvertrag) kann der Gerichtsvollzieher tätig werden, nachdem der Gläubiger ihm den **Auftrag dazu gegeben** hat.

Dabei muss der Gläubiger die **Kosten für den Gerichtsvollzieher** erst einmal im **Voraus** bezahlen.

Das heißt für Sie, der Beamte ist also in jedem Fall bezahlt und hat somit **keinen Vorteil**, wenn er Sie pfändet. Verabschieden Sie sich also von dem Feindbild „Gerichtsvollzieher".

Der Gerichtsvollzieher muss sich vor seinem ersten Besuch **nicht anmelden**, aber er muss Sie davon in Kenntnis setzen, dass er da gewesen war und Sie nicht angetroffen hat.

Darf der Beamte die Wohnung zwangsöffnen lassen?

Ja, das darf er. Doch auch diese Zwangsöffnung ist an einige Bedingungen geknüpft.

- Zunächst muss der Beamte Sie **zweimal nicht angetroffen** haben.

- Dann muss er sich einen richterlichen **Durchsuchungsbefehl** vom Gericht ausstellen lassen.

  Der Durchsuchungsbefehl ist nichtig, wenn der Befehl nur **maschinell** erstellt und **kein Siegel** des Amtsgerichtes trägt bzw. nur von einem **Justizangestellten** statt von einem Richter unterschrieben ist.

- Die **Polizei** darf er nur dazu holen, wenn der Gerichtsvollzieher der Ansicht ist, Sie könnten sich mit **Gewalt gegen die Durchsuchung wehren.**

Da reicht es aber nicht, dass der Gerichtsvollzieher meint, Sie könnten Widerstand leisten. Auch hier müssen **konkrete Verdachtsmomente** vorliegen.

- Eine **besondere Ausnahme** liegt vor, wenn der Gerichtsvollzieher der Meinung ist, Sie könnten **pfändbare Gegenstände verstecken** oder anderweitig unterbringen. Dann darf er auch schon beim ersten Mal Ihre Wohnung zwangsöffnen lassen und das ohne Durchsuchungsbefehl.

Jedoch muss er diese Maßnahme **glaubhaft begründen** können. Und das ist in den meisten Fällen wenig wahrscheinlich, deshalb gehört diese Regelung zu den Ausnahmen.

Überlegen Sie sich also genau, ob Sie von Ihrem Hausrecht Gebrauch machen und dem Gerichtsvollzieher den **Zugang zu Ihrer Wohnung verweigern**.

Denn dazu haben Sie das Recht, aber in dem Fall kann der Beamte mit einem Durchsuchungsbefehl wieder kommen.

Tipp: Übrigens, der Gerichtsvollzieher betritt Ihr Grundstück oder die Wohnung bei einer Zwangsöffnung **auf eigene Gefahr**.

Ich war im Urlaub und meine Wohnung wurde zwangsgeöffnet, was nun?

Haben Sie glaubhaft dem Gerichtsvollzieher nachgewiesen, dass Sie aus **beruflichen oder gesundheitlichen Gründen** nicht anwesend sein können, dann darf die **Wohnung nicht zwangsgeöffnet** werden.

Bieten Sie gleichzeitig einen **Ausweichtermin in naher Zukunft** an.

Weiterhin müssen die Belege für Abwesenheit vom behandelnden Arzt bescheinigt sein oder durch den Arbeitgeber.

Wurde Ihre Wohnung trotzdem zwangsgeöffnet, können Sie eine **Klage wegen Hausfriedensbruch und Einbruch** gegen den Gerichtsvollzieher einreichen.

Ist nämlich dem Beamten bekannt, dass Sie aus **dringenden Gründen** nicht anwesend sein können, dann darf er nicht die Wohnung zwangsöffnen lassen. Die **Beweispflicht** aber liegt bei Ihnen, dass Sie den Gerichtsvollzieher rechtzeitig unterrichtet haben. Deshalb senden Sie die Bescheinigungen per **Einschreiben** ab.

Muss ich die Kosten der Zwangsöffnung tragen?

Ja, diese Kosten werden Ihnen angerechnet. Und die können heftig sein. Denn der Gerichtsvollzieher ist **nicht** verpflichtet, den günstigsten Schlüsseldienst heraus zu suchen.

Er wird den Schlüsseldienst wählen, mit dem er gute Erfahrungen hat oder der am schnellsten vor Ort sein kann.

Können Sie diese Kosten nicht sofort ausgleichen, so rechnet der Beamte den Betrag auf **Ihre Schuld** an.

Im weiteren Verlauf werden nun diese Unkosten des Gerichtsvollziehers plus der Schuldsumme gepfändet.

> ➢ **Tipp:** Eine gewisse Verhältnismäßigkeit muss auch der Gerichtsvollzieher einhalten bei der zwangsweisen Öffnung.
>
> Das bedeutet, er darf nicht für **mehr als 300 EUR** die Tür öffnen lassen. Liegt die Summe höher, können Sie vor Gericht dagegen klagen. Das ist eine Verletzung seiner Sorgfaltspflicht.

➢ **Tipp:** Bitte beachten Sie: Zunächst wird der Beamte **seine Unkosten** abdecken, dann erst die eigentliche Schuld.

➢ **Tipp:** Lassen Sie es nicht bis zur zwangsweisen Öffnung Ihrer Wohnung kommen!

In dem Fall können Sie **nichts mehr steuern** und bei einer Durchsuchung könnte der Beamte Dinge finden, die ihn so nichts angehen, wie Ihre **Arbeitsunterlagen oder Kontoauszüge**.

➢ **Tipp:** Übrigens brauchen Sie auch **Fragen** des Gerichtsvollziehers **nach Arbeitgeber oder Ihren Konten nicht** zu beantworten.

Darf mein Auto gepfändet werden?

Ja, Ihr Auto kann gepfändet werden.

Doch auch hier gilt: es ist eine **Ermessensfrage des Gerichtsvollziehers**. Denn benötigen Sie das Auto, um damit zur Arbeit zu fahren, dann darf der Wagen nicht gepfändet werden.

Einen Zweitwagen oder ein teures Auto kann durch den Gerichtsvollzieher gepfändet werden. Wobei ein teures Modell im Rahmen einer **Austauschpfändung** gegen ein billiges Auto ausgetauscht wird.

Voraussetzung ist aber immer, dass Sie sonst nicht zur Arbeit kommen ohne einen enormen Zeitaufwand in den öffentlichen Verkehrsmitteln.

> ➤ **Tipp:** Als Richtlinie gelten hier die **Vorgaben von Hartz IV**. Ein Arbeitsweg von 2 Stunden mit öffentlichen Verkehrsmitteln ist Ihnen durchaus zu zumuten.

> ➤ **Tipp:** Für den **Wert des Autos** sollte sich der Gerichtsvollzieher ebenfalls an Hartz IV halten. Demnach sind Fahrzeuge unter 4.800 EUR nicht zu pfänden.

➢ **Tipp:** Haben Sie ein **schwerbehindertes Familienmitglied** in Ihrem Haushalt, dann sind Sie im Normalfall auf ein Auto angewiesen. Um aber auf Nummer Sicher zu gehen, sollten Sie den **Wagenhalter ummelden** lassen. Und das bevor der Gerichtsvollzieher zu Ihnen kommt. Denn gehört der Wagen jemand anderen, darf er nicht gepfändet werden.

➢ **Tipp:** Das gleiche gilt für Familien mit **Kleinkindern oder Großfamilien**. Gerade diese Familien sind auf ein Auto angewiesen, da aber hier kein Arbeitsweg zu vermuten wird, pfänden Gerichtsvollzieher selbst ein sehr altes Auto, solange es den Gegenwert der Schuld darstellt.

➢ **Tipp:** Bei **chronisch kranken Personen** lohnt es sich eine Bescheinigung des Arztes ausstellen zu lassen, dass Sie zur Versorgung auf das Auto angewiesen sind.

Was ist eine Pfändung eigentlich?

Sehr vereinfacht kann eine Pfändung so erklärt werden:

Bei einer Pfändung handelt es sich um eine Art der Zwangsvollstreckung. Dabei sollen Gegenstände oder Dinge von materiellem Wert zur **Begleichung einer Schuld** einbehalten werden. Von dem Erlös dieser Sachen wird die Schuld bei dem jeweiligen Gläubiger bezahlt.

Ist dies nicht möglich, weil Sie vielleicht ja gar nichts mehr haben, dann dient die Pfändung dazu, dass Ihr Gläubiger die Information erhält, dass Sie **mittellos** sind.

Eine Pfändung beruht auf **strengen rechtlichen Vorgaben**. Der Gerichtsvollzieher muss sich an diese Gesetze halten. Er darf also nicht wild seinen Kuckuck auf alles in Ihrer Wohnung kleben.

Bei der **Pfändung von Bargeld** zum Beispiel muss er Ihnen genau vorrechnen, was Ihr **Freibetrag** ist.

Gibt es ein Ermessensspielraum für die Pfändung?

Ja, den gibt es tatsächlich. Er ist nicht allzu groß, aber dieser Spielraum ist vorhanden. Schon aus diesem Grund sollten Sie sich überlegen, dem Gerichtsvollzieher freundlich zu begegnen.

Ein Ermessenspielraum ist zum Beispiel die Frage, ob der Gerichtsvollzieher Ihnen eine **Ratenzahlung** anbietet, dazu ist er nicht unbedingt verpflichtet. Mitunter ruft der Beamte sogar beim Gläubiger an, um eine Ratenzahlung zu vereinbaren.

Es liegt auch in seinem Ermessen, ob er Ihnen einen **Aufschub für Ihre Zahlung** genehmigt.

Doch selbst bei der **Pfändung** hat der Gerichtsvollzieher einen gewissen Spielraum zur Verfügung.

Zum Beispiel schätzt der Beamte ein, ob ein **Gegenstand von geringerem Wert** wirklich gepfändet werden muss.

Es lohnt sich also, wenn Sie dem Beamten entgegenkommen und höflich sind.

Ablauf einer Pfändung

Allem geht erst einmal voraus, dass ein Ihr Gläubiger einen vollstreckbaren Titel gegen Sie erworben hat. Die Gründe für die Schulden spielen nun keine Rolle mehr, Sie werden diese Schuld bezahlen müssen.

Können Sie dies nicht, dann kommt der Gerichtsvollzieher auf **Grundlage des Vollstreckungsbescheides und des Antrages auf Pfändung des Gläubigers** zu Ihnen.

> ➢ Zunächst wird er versuchen Bargeld zu pfänden (**Taschenpfändung**).

> ➢ Ist kein Bargeld vorhanden, wird der Gerichtsvollzieher Ihre **Wohnung besichtigen** bzw. die Räumlichkeiten, welche Sie als Schuldner bewohnen.

Meistens sehen die Beamten schon bei einer groben Besichtigung, ob es sich lohnt, in den Schränken nach Wertsachen nachzuschauen.

Keine Sorge, der Beamte will nicht in Ihrer Spitzenunterwäsche wühlen oder dass es nach der **Durchsuchung** möglicherweise aussieht wie nach einem Einbruch in einem Kriminalfilm.

Normalerweise fragt der Gerichtsvollzieher Sie nur, ob Sie irgendwelche Wertsachen haben.

➢ Findet der Beamte Wertdinge, dann wird er diese begutachten, um den **Wert zu ermitteln**. Schließlich müssen bei dem Erlös auch die weiter entstandenen Kosten herauskommen.

Sollte dies nicht der Fall sein, dann wird der Gerichtsvollzieher auf die Pfändung verzichten. Damit dürfte das Pfänden nur wenige Sachen betreffen, die den vollen Umfang aller Kosten abdecken.

➢ Haben Sie **Versicherungsunterlagen** zu eventuell vorhandenen Wertobjekten, legen Sie diese dem Gerichtsvollzieher vor und sparen sich so die Schätzkosten durch einen Gutachter.

➢ Findet der Gerichtsvollzieher solche Gegenstände, versieht er sie mit seinem **Siegel**, einem Papieraufkleber, bekannt auch als „Kuckuck".

Das Siegel dürfen Sie nicht entfernen. Leichte Dinge wie Schmuck von Wert oder eine Sammlung nimmt er gleich mit.

Schwere Gegenstände lässt er einige Tage später durch eine beauftragte Spedition abholen.

Die Kosten dafür haben Sie zu tragen. Während dieser Zeit dürfen Sie die Gegenstände wie einen Plasma- oder LCD-Fernseher normal **weiterbenutzen**, aber Sie können den Fernseher nicht veräußern oder wegbringen.

Ein **Auto** darf normalerweise nicht mehr benutzt werden, denn das Risiko eines Unfalls ist zu groß.

➢ Nachdem der Gerichtsvollzieher die Wertsachen abgeholt hat, werden diese nach einer gewissen Zeit **öffentlich versteigert (§ 383 Abs. 3 S. 1 BGB und § 814 ZPO).**

Der Gerichtsvollzieher informiert Sie über **den Termin der Versteigerung**. Bis dahin haben Sie immer noch die Möglichkeit, den gepfändeten Gegenstand **auszulösen**.

➢ Der Erlös wird auf die **komplette Schuld** angerechnet. Gibt es mehrere Gläubiger, dann wird der Erlös zwischen diesen geteilt.

➢ **Übersteigt** der Erlös die Schuld, dann erhält der Schuldner nach Abzug aller Kosten das restliche Geld.

➢ Nach der Versteigerung erhalten Sie den **entwerteten Titel** wie eine **Abrechnung**.

Das ist eine sehr einfache Darstellung der Pfändung von Gegenständen. Natürlich unterscheidet sich diese Art der Pfändung von der Pfändung in Bezug auf Konten oder Immobilien.

Was ist eine Pfändung von beweglichen Gegenständen?

Darunter fassen Fachleute die bekannte **Sachpfändung** zusammen.

Dabei werden bewegliche Sachen wie das **Auto, hochwertige Möbel oder wertvolle Einrichtungsgegenstände des Schuldners** gepfändet.

Ganz einfach ausgedrückt, handelt es sich hier um die Pfändung von Dingen, die **bewegt bzw. transportiert** werden können.

Das kann auch Schmuck, Bücher, Bilder Skulpturen und ähnliches betreffen. Auch Tiere fallen unter diesen Begriff. Deshalb wird aber nicht Ihr Goldfisch gepfändet.

Was versteht man unter der Pfändung von unbeweglichen Gegenständen?

Diese Pfändung ist besser bekannt als **Zwangsvollstreckung**. Dabei handelt es sich um die Pfändung von hauptsächlich **Immobilien und Grundstücken**.

Ganz allgemein gesagt, sind es feststehende Dinge, die sich nicht transportieren lassen. Das ist aber eine sehr vereinfachte Definition.

Es gibt verschiedene Arten der **Zwangsvollstreckung**.

- **Die Zwangshypothek**
- **Die Zwangsverwaltung**
- **Die Zwangsversteigerung**

Da eine Zwangsvollstreckung sehr **kosten- und auch zeitintensiv** ist, kommt diese Art der Pfändung erst als letztes aller Mittel zum Tragen.

Was steht im Pfändungsprotokoll?

Verlangen Sie immer ein Pfändungsprotokoll, es dient als **Quittung** und als **Nachweis**, dass bei Ihnen nichts zu holen ist. Gleichzeitig hält es den **Ablauf der Pfändung** fest und ist für Sie die Sicherheit, dass alles korrekt abgelaufen ist.

Doch gleichzeitig fertigt der Gerichtsvollzieher das Pfändungsprotokoll an, um eine Sicherheit zu haben, dass er **seinen Pflichten** nachgekommen ist.

Normalerweise müssen Sie das Protokoll unterschreiben. Also lesen Sie es sich genau durch.

Denn im Protokoll müssen auch **gepfändete Gegenstände und ihr vermutlicher Wert** aufgeführt werden. Ebenso Bargeldbeträge, etc.

Wurde Ihnen **kein Protokoll** ausgehändigt, so fragen Sie beim Gerichtsvollzieher umgehend nach.

Dann handelt es sich nämlich um einen **formalen Fehler** und Sie können eine berechtigte Klage gegen die Pfändung erheben.

➢ **Tipp:** Auch wenn der Gerichtsvollzieher Sie **nicht antrifft**, muss darüber ein Pfändungsprotokoll erstellt werden und Ihnen auf Verlangen ausgehändigt werden.

➢ **Tipp:** Das Pfändungsprotokoll ist eine der wichtigsten **Voraussetzungen** für die eventuell spätere **Eidesstattliche Versicherung**.

Denn steht in dem Protokoll, dass Sie an bestimmten Tagen nicht angetroffen wurden und deshalb die Pfändung als **erfolglos bzw. fruchtlos** angesehen wird, dann vergleichen Sie diese Tage.

Manche Gerichtsvollzieher machen es sich nämlich einfach. Sie schreiben einfach eine **fruchtlose Pfändung** aus, obwohl der Beamte gar nicht bei Ihnen war.

Das ist nicht korrekt. In dem Fall können Sie wegen einem **Verfahrensfehler** die Eidesstattliche Versicherung verweigern.

Was bedeutet der Schutz vor Überpfändung?

Das soll sicherstellen, dass nicht mehr gepfändet wird, als **tatsächlich für die Deckung der Schuldsumme und die Kosten des Gerichtsvollziehers notwendig** ist.

Das heißt, findet der Beamte bei Ihnen einen Geldbetrag von 1000 EUR, dann darf er nicht den ganzen Betrag mitnehmen, wenn Ihre Schuldsumme samt Vollstreckungskosten nur 450 EUR beträgt.

In dem Fall darf er nur die 450 EUR mitnehmen, die anderen 550 EUR muss er bei Ihnen lassen.

Der Gerichtsvollzieher darf Ihnen die 1000 EUR auch nicht wegnehmen, wenn das Ihr Geld zur **Bestreitung der Lebenshaltungskosten** in **Höhe des Freibetrages** ist. Auch das bedeutet der Schutz vor Überpfändung, dass Ihnen die Freibeträge bleiben.

Zu finden ist diese Rechtsvorschrift in § 803 Abs. 1 S. 2 ZPO.

Welche Bedeutung hat das Verbot der zwecklosen Pfändung

Dieses Verbot soll den Schuldner davor schützen, dass **Gegenstände von geringem Wert gepfändet** werden.

Das gepfändete Objekt muss mindestens einen Verkaufswert von über **10 % des eigentlichen Wertes** erzielen, um nicht unter diese Klausel zu fallen.

Doch in den meisten Fällen sieht ein Gerichtsvollzieher davon ab, Gegenstände mit geringem Wiederverkaufswert zu pfänden.

Was heißt das Verbot der „Kahlpfändung" für mich?

Es schützt Sie vor leer gepfändeten Räumen, aber das ist jetzt sehr stark verallgemeinert. Der Gesetzgeber schreibt vor, dass die **Pfändungsfreigrenzen** eingehalten werden müssen.

Weiterhin darf Ihnen nichts gepfändet werden, was Sie zur **Ausübung Ihres Berufes** und für eine **bescheidene Lebensführung** benötigen. Was zu einer bescheidenen Lebensführung gehört, können Sie in Frage 31 nachlesen.

Welche Bedeutung hat der Vollstreckungsschutz für mich?

Der Vollstreckungsschutz ist für Sie eine Möglichkeit, unter bestimmten Voraussetzungen die **Pfändung aufschieben** zu lassen oder zu **verhindern**.

Folgende Bedingungen für den Vollstreckungsschutz müssen erfüllt sein:

> ➢ Die Vollstreckung muss eine **besondere Härte** für Sie darstellen (schwere Krankheit oder Behinderung)

> ➢ oder es besteht **Gefahr für Leib und Leben** (Selbstmordgefahr)

> ➢ bzw. gegen die **guten Sitten** verstoßen (Räumungsbescheid bei einer sehr alten Person oder bei einer Hochschwangeren).

Festgehalten ist dies unter **§ 765a ZPO**.

Den Vollstreckungsschutz können Sie beim **Amtsgericht** beantragen.

Was ist pfändbar?

Die Liste der Gegenstände, die gepfändet werden darf, ist relativ kurz.

Das hängt zum einen damit zusammen, dass der **Wert der Gegenstände meistens nicht die Schuldsumme abdeckt**, was aber vom Gesetzgeber vorgeschrieben ist.

Andererseits haben die meisten Schuldner schon gar keine Wertgegenstände, sondern nur noch Gebrauchsgegenstände, welche aber nicht gepfändet werden dürfen.

Also beschränken sich die pfändbaren Dinge auf **Luxusgüter** und **Vermögenswerte**. Da können unter anderem folgende Dinge ein:

> ➢ **Zweitwagen** – hier ist der Wert egal, es wird davon ausgegangen, dass eine Familie bzw. ein Schuldner nur ein KFZ benötigt für den Weg zur Arbeit.

> ➢ **KFZ über einem Zeitwert von 4.700 EUR** – dieser Wert liegt der Liste von Vermögensgegenständen bei der Berechnung von Hartz IV zu Grunde. Dazu muss das KFZ für den Weg zur Arbeit genutzt werden.

Hier kann der **Gerichtsvollzieher individuell** nach den vorliegenden Umständen des Schuldners entscheiden, ob das KFZ gepfändet wird.

Dabei spielt es auch eine Rolle, ob beispielsweise **behinderte Kinder** zum Haushalt gehören, deren Versorgung von dem KFZ abhängig ist.

Das KFZ darf **nicht mehr benutzt** werden, nachdem der Beamte es gepfändet hat. Einige Zeit später wird es abgeholt. Die dabei entstehenden Kosten gehen zu Ihren Lasten als Schuldner.

➢ Als **Vermögen** gilt alles oberhalb der Pfändungsgrenze.

➢ **Aktien**, **Fonds**, **Lebensversicherungen,** Sparguthaben, Bausparverträge, Mietkautionen und andere Guthaben jeglicher Art gelten ab einem Wiederverkaufswert von mehr als 10 % als Vermögen und können, soweit sie nicht zur Absicherung der Rente gedacht sind, gepfändet werden.

➢ **Wertvoller Schmuck** – dabei ist der ideelle Wert nicht gleichbedeutend mit dem **materiellen Wert**.

Hier geht es rein um den **Materialwert**. Dieser wird von dem Gerichtsvollzieher eingeschätzt und bei entsprechendem Wert gleich mitgenommen.

➤ Theoretisch könnten Vorräte, die über 4 Wochen reichen, gepfändet werden. Das betrifft **Lebensmittel** ebenso wie **Heizöl**.

In der Praxis wird das aber selten getan, denn einerseits sind solche Güter schlechter zu versteigern und auf der anderen Seite ist es fraglich, ob sich dafür jemand als Bieter interessiert.

➤ **Kunstgegenstände** haben meistens eine Versicherungspolice, aus der sich der Wert des jeweiligen Gegenstandes ergibt.

Gleichzeitig ist ein Markt von Kunstliebhabern vorhanden, was somit bei einer Versteigerung einen Absatzmarkt und hohe Erlöse garantiert. Darum werden Kunstgegenstände gern von Gerichtsvollziehern gepfändet.

➤ **Sammlungen jeder Art** können ebenfalls einen gewissen Wert haben. Darunter zählen Münzen, Uhren, Briefmarken.

Hier verschafft sich der Beamte einen Überblick und schätzt eventuell mit Hilfe eines Sachverständigen den Wert ein.

➤ **Antiquitäten** werden nur bei entsprechendem Wert gepfändet. Hier fallen auch Stilmöbel, Bilder, Nippes oder antike Porzellane darunter.

➤ **Bücher** sind meistens uninteressant für den Beamten. Zum einen weil sie zur Berufs- oder Glaubensausübung genutzt werden und damit automatisch unpfändbar sind. Zum anderen gibt es nur einen sehr kleinen Markt für gebrauchte Bücher.

Solange Sie keine signierte Erstausgabensammlung oder Bücher aus vergangenen Jahrhunderten mit Goldeinlegearbeiten auf den Schweinsledereinbänden haben, brauchen Sie eine Pfändung Ihrer Bücherregale nicht zu fürchten.

➤ Ein **PC** muss einen Zeitwert von **300 EUR** übersteigen, um für eine Pfändung in Betracht zu kommen. Wird der PC für die Berufsausübung oder Arbeitssuche benötigt, dann wird der PC nicht gepfändet.

➤ Dazu gehören auch **Anlagen aller Art**
wie beispielsweise DVD–Anlagen,
Stereoanlagen, Surroundanlagen, HiFi-
Anlangen, wenn sie 300 EUR
übersteigen.

➤ **Teure Fernsehgeräte oder
Haushaltsgeräte** können im Rahmen
einer **Austauschpfändung** von dem
Beamten mitgenommen werden.

➤ **Tipp:** Ich weise nochmals darauf hin,
dass der Gerichtsvollzieher immer einen
eigenen **Ermessensspielraum** besitzt.
Er kann letztlich entscheiden, was er
pfändet.

Was zählt als Einkommen?

Als **pfändbares Einkommen** zählen nun alle anderen Arten von einmaligen oder wiederkehrenden Leistungen wie:

- ➢ **Lohn- und Gehaltszahlungen**

- ➢ **Einkünfte aus selbständiger/ freiberuflicher Tätigkeit**

- ➢ **Zins- und Mieteinnahmen aus Vermögen**

- ➢ **Pensionen**

- ➢ **Gratifikationen**

- ➢ **Abfindungen**

- ➢ **Studienbeihilfen**

- ➢ **Stipendien**

- ➢ **Renten aus einem Haftpflichtanspruch** sind nur zum Teil pfändbar

- ➢ **Blindengeld** ist als Einkommen anzusehen,

> **Unterhaltsrenten oder –ansprüche** des Schuldners selbst sind teilweise pfändbar.

> **Bezüge aus Waisen- oder Witwenrenten**

> **Fortlaufende Zahlungen von Stiftungen oder anderen Wohltätigkeitseinrichtungen**

> **Riesterrenten** sind nur während der Auszahlungsphase pfändbar

Pauschal kann gesagt werden, alle Einkünfte unterliegen den Pfändungsgrenzen, außer den oben aufgeführten unpfändbaren Einkommensarten.

Mehrere Einkommen werden zu einem Nettoeinkommen zusammen gerechnet **(§ 850e ZPO)**.

Gibt es Einkommensarten, die nicht gepfändet werden?

Im Zusammenhang mit einer Pfändung treten immer wieder Fragen auf, welche Einkommen gepfändet werden dürfen. Hier ist es einfacherer, die Einkommen aufzuzählen, welche **nicht gepfändet** werden dürfen.

- ➢ **Sozialleistungen** wie Kindergeld, Pflegegeld, Kindergeldzuschuss, Arbeitslosengeld I und II (Hartz IV), Wohngeld, Unterhaltsvorschuss, Rente, Sozialhilfe,

- ➢ **Arbeitseinkommen** bis zur Höhe der Pfändungsfreigrenzen,

- ➢ **Lehrgeld** bis zu der Höhe der Pfändungsfreigrenzen,

- ➢ **BAföG,** Ausbildungsbeihilfen wie **BAB**

- ➢ **Kranken- und Mutterschaftsgeld**

- ➢ **Elterngeld,**

- ➢ Summen aus der **Lebensversicherung** sind nach § 850b Abs. 1 Nr. 4 geschützt, wenn sie nicht **4.140 EUR** übersteigen,

➤ **Arbeitseinkommen freier Berufe** sind nach § 850 i ZPO bis zu den Pfändungsgrenzen geschützt,

➤ **Beihilfen im Öffentlichen Dienst** sind unpfändbar, da sie zweckgebunden sind,

Sind Sozialleistungen unpfändbar?

Vom Prinzip sind Sozialleistungen unpfändbar.

Aber seit dem 01.01.2012 gibt es ein Schlupfloch für die **Unpfändbarkeit** von Sozialleistungen.

Durch das Pfändungsschutzkonto ist diese Barriere gefallen.

Was auf den ersten Blick, wie eine Erleichterung für Schuldner aussieht, entpuppt sich bei näherer Betrachtung als weitere Möglichkeit, nun auch Sozialleistungen pfändbar zu machen.

Denn werden die Sozialleistungen auf ein Konto überwiesen, dass noch keinen Pfändungsschutz aufweist, dann sind die „unpfändbaren" Sozialleistungen nach **14 Tagen doch pfändbar**.

Bis dahin sind die Leistungen eingefroren.

Nehmen wir mal an, Sie sind grade im Urlaub oder auf Kur und kommen nach 3 Wochen wieder. Dann nutzt es Ihnen nichts, nachträglich ein **P-Konto** anzulegen oder den **Pfändungsschutz nach § 750 ZPO** zu beantragen.

Die vermeintlichen Sozialleistungen sind nun gepfändet und bereits überwiesen.

> **Tipp:** Die einzige Möglichkeit, die Sie nun haben, besteht in **einem Einspruch („Erinnerung")** gegen die Pfändung bei dem jeweiligen Amtsgericht einzulegen.

Dabei helfen Ihnen **Schuldnerberater oder Anwälte**, aber auch die kostenlose **Rechtsberatung** beim Amtsgericht.

> **Tipp:** Weiter sollten Sie trotzdem ein P-Konto einrichten. Bei einem verständnisvollen Mitarbeiter der Bank kann ein **Pfändungsschutz rückwirkend bis zu 4 Wochen seit Antragsstellung** erfolgen.

Das heißt, Sie könnten durchaus Ihre Sozialleistungen noch ausgezahlt bekommen.

Was ist nicht pfändbar?

Immer wieder tauchen in Internetforen hauptsächlich (zu etwa 65 %) Fragen zu den unpfändbaren Sachen auf.

Pauschal kann gesagt werden, alles, was **zur bescheidenen Lebensführung und der Ausübung des Berufes benötigt** wird, ist unpfändbar.

Als **bescheidene Lebensführung** wird von den meisten Gerichten Hartz IV oder die Sozialhilfe zu Grunde gelegt.

Dabei muss der Gerichtsvollzieher aber auch die **jeweiligen Lebensumstände des Schuldners** berücksichtigen.

Das heißt, die Entscheidung, was zu einer bescheidenen Lebensführung gehört, ist beispielsweise abhängig von der **Familiengröße oder ob behinderte Menschen** in dem Haushalt leben.

Der Gerichtsvollzieher wird also nicht willkürlich durch Ihre Wohnung laufen und alles mit seinem Siegel bekleben. In **§ 811 ZPO** bezeichnet der Gesetzgeber die Gegenstände näher, die **nicht gepfändet** werden dürfen.

- Dinge, die Ihrem **persönlichen Gebrauch oder dem Haushalt dienenden Sachen** wie Kleidungsstücke, Wäsche, Betten, Haushalts- und Küchengeräte.

- **Haustiere** sind unpfändbar.

- Sachen, die Sie zur **Ausübung Ihres Berufes** benötigen wie Werkzeuge, Maschinen, Berufsbekleidung, Bücher, PCs, Telefonanlagen, PKW, Werkstätten, Büros, usw.

- **Fernseher, Radio und PC** im bescheidenen Umfang. Ein Fernseher mit einem Zeitwert von über 500 EUR wird von vielen Gerichten nicht mehr als bescheiden angesehen. Dieser kann im Zuge der Austauschpfändung ersetzt werden.

- **Gartenhäuser, Wohnlauben und andere Einrichtungen**, die von dem Schuldner bzw. seiner Familie dauerhaft bewohnt werden; dazu zählen auch Wohnwagen.

- **Lebensmittel und Vorräte** zur Sicherung einer bescheidenen Lebens- und Haushaltsführung von etwa 4 Wochen.

Dabei muss je nach **Familiengröße und Behinderung** unterschieden werden. Im Normalfall pfändet aber der Beamte nichts davon.

- Einen **Geldbetrag**, der zur Sicherung dieser Vorräte auf 4 Wochen dient, falls Sie keine Vorräte haben.

- Die notwendigen Mittel zur **Beheizung** Ihres Wohnraums für ebenfalls 4 Wochen sind unpfändbar.

- **§ 811 Abs. 3 ZPO** gilt für die Landwirtschaft oder wenn Sie ein Gewerbe in diesem Bereich haben.

Offene Fragen gibt es bei der Formulierung „**Kleintiere**". So wurden schon Haustiere gepfändet und mussten wieder herausgegeben werden.

Doch wir können davon ausgehen, dass mit Kleintieren u. a. Geflügel wie beispielsweise Hühner oder Gänse gemeint sind.

Ebenso fraglich ist der Begriff der „**beschränkten Zahl**". Das ist wieder eine Ermessensfrage des Beamten.

Genauer wird es bei größeren Tieren, wenn Sie diese für Ihre Ernährung oder als Hilfe in der Landwirtschaft benötigen.

So stehen Ihnen **eine Milchkuh oder wahlweise zwei Schweine, Schafe oder Ziegen** zu.

Hinzu kommt das notwendige **Futter und Streu** für 4 Wochen bzw. der erforderliche Geldbetrag dafür.

- Betreiben Sie eine Landwirtschaft, dann darf Ihnen nichts gepfändet werden, was Sie zur **Aufrechterhaltung Ihres Hofes oder Betriebes** benötigen.

Dazu zählen das notwendige Gerät und Vieh, Dünger, Saat sowie Erzeugnisse, die Sie zur Sicherung des eignen Unterhalts, Ihrer Arbeitnehmer bzw. zur Weiterführung Ihrer Wirtschaft bis zur nächsten Ernte benötigen.

- Arbeiten Sie in einem landwirtschaftlichen Betrieb und erhalten Sie einen Teil Ihrer **Vergütung in Naturalien** wie Fleisch, Milcherzeugnisse usw., so müssen Sie nur nachweisen, dass diese Naturalien für Ihren Unterhalt bestimmt sind und somit sind diese unpfändbar.

- Allgemein kann gesagt werden, alles, was **zur Fortführung der Arbeit oder des Erwerbs benötigt wird, ist unpfändbar**.

  Der Gesetzgeber möchte zwar, dass die Schulden bezahlt werden, aber andererseits hat er keinerlei Interesse daran, dass Sie und Ihre Familie ihm als Sozialfall auf der Tasche liegen. Also stellt er sicher, dass Sie aus eigener Kraft weiter arbeiten bzw. leben können.

- **Dienstkleidung und Ausrüstungen** für die Ausübung Ihrer Arbeit, einschließlich aller dazu notwendigen Gegenstände, sind ebenfalls pfändungsfrei.

- **Bücher** werden zwar selten gepfändet, aber es kann vorkommen, dass Sie beispielsweise im Besitz einer wertvollen Familienbibel sind.

  Diese möchten Sie sicher behalten und das können Sie auch. Denn Bücher, die zur Ausübung der Religion oder des Berufs wie der Ausbildung benötigt werden, sind unpfändbar.

- **Geschäfts- oder Haushaltsbücher**, die Sie nutzen, sowie **Familienpapiere** stellen eigentlich keine Werte dar, doch der Gesetzgeber wollte sicher gehen und setzte diese Gegenstände ebenfalls auf die Liste unpfändbarer Dinge.

- Das betrifft gleichfalls **Trauringe, Orden und Ehrenabzeichen**.

- **Notwendige Hilfsmittel** wie zum Beispiel Brillen, Rollstühle, künstliche Gliedmaßen zählen auch zu den unpfändbaren Gegenständen, wenn sie in Gebrauch sind durch Sie als Schuldner oder Personen in Ihrem Haushalt.

- Gehören Sie der Vampirszene an und haben zu Hause einen Sarg oder andere Gegenstände, die man der Bestattung zuordnen könnte, dann keine Angst vor dem Pfändungssiegel.

Gegenstände, die zur unmittelbaren Verwendung für die Bestattung bestimmt sind, dürfen nicht gepfändet werden.

In Zeiten der Krise und Schulden ist es immer gut, wenn so etwas für den Notfall bereitsteht und wer weiß, wie schnell der eintritt. Außerdem dürfen Betten nicht gepfändet werden.

> **Tipp:** Der Gesetzgeber räumt mit dem **§ 811 ZPO** dem Schuldner eine weitreichende Möglichkeit der **Unpfändbarkeit seiner Gebrauchs- und Einrichtungsgegenstände** ein. Was letztlich gepfändet wird, ist alles nur eine Frage Ihrer **Argumentation**.

> **Tipp:** Überlegen Sie, ob es manchmal nicht besser ist, einen **Gegenstand pfänden** zu lassen oder vielleicht im **Vorfeld zu verkaufen**, um die Schulden endlich los zu werden.

Wo darf gepfändet werden?

Auf jeden Fall nicht in aller Öffentlichkeit. Im Normalfall wird bei Ihnen zu Hause oder dort, wo Sie mit **Hauptwohnsitz gemeldet** sind, gepfändet.

Nur in **ganz seltenen Ausnahmen** wird die Vollstreckung auch an einem anderen Ort vollzogen.

So hat ein Obergerichtsvollzieher aus Niedersachsen bei einer Hochzeit die Geldgeschenke gepfändet. Er begründete dies damit, dass sonst eine Entziehung der Pfandobjekte zu erwarten wäre.

In dem speziellen Fall war das Verhalten des Gerichtsvollziehers rechtmäßig gewesen. Auch wenn es ihm und allen Beteiligten sehr peinlich gewesen war.

Der Beamte darf in **einer Wohnung alle Räume** betreten. Durchsuchen darf er sie nur mit einem richterlichen **Durchsuchungsbefehl**.

Gehören zu der Wohnung auch eine Garage und/oder ein Keller bzw. ein Dachboden, so darf er diese auch betreten.

Doch im Allgemeinen sehen die Beamten meist auf einem Blick, ob es sich lohnt, näher alles sich anzusehen oder nicht.

> ➤ **Tipp:** Falls Sie in einer **WG** wohnen, ist der Gerichtsvollzieher berechtigt, auch in die Zimmer Ihrer Mitbewohner zu gehen.
>
> Hier genügt es aber, wenn der jeweilige **Mitbewohner anwesend** ist und dem Beamten erklärt, dass alles in diesem Zimmer ihm gehört.
>
> Nur in einem **begründeten Zweifelsfall** darf er auch in einem Zimmer pfänden, dass nicht Ihnen gehört.

Austauschpfändung – was passiert dann?

Eine Austauschpfändung findet immer dann statt, wenn ein Gegenstand zwar für den Gebrauch vorgesehen ist und somit unpfändbar wäre, aber einen höheren Wert besitzt (meist ab einem Preis von 300 EUR).

Dann wird der Gegenstand gepfändet und durch ein günstigeres Gerät bzw. durch einen entsprechenden Geldbetrag ersetzt. Die Rechtsgrundlage ist hierfür die **§§ 811a und 811b ZPO**.

Dies betrifft hauptsächlich teure PCs, Anlagen, KFZs und Fernseher. Der Differenzbetrag wird dem Gläubiger überwiesen.

Austauschpfändungen benötigen die **Zustimmung des Gläubigers**. Verlangt der Gläubiger selbst eine Austauschpfändung, dann muss er diese bei Gericht beantragen.

Ist die Zustimmung zu erwarten, dann kann eine **vorläufige Austauschpfändung** vorgenommen werden.

Was sind Pfändungsfreigrenzen?

Die Pfändungsgrenzen sollen das **Existenzminimum des Schuldners** und seiner Familie innerhalb eines Monates sichern.

Allgemein wird dies auch **Pfändungsschutz von Einkommen nach § 850c ZPO** genannt. Ausgegangen wird dabei von Ihrem bereinigten Nettoeinkommen.

Dabei wird ein **Grundbetrag von 1028, 89 EUR** bei einer allein stehenden Person ohne Unterhaltsverpflichtungen zu Grunde gelegt.

Mit jeder Person mehr, für die Sie als Schuldner unterhaltspflichtig sind, erhöht sich dieser pfändungsfreie Betrag.

So erhält die erste unterhaltspflichtige Person **387,22 EUR** und jede weitere Person **je 215,73 EUR** zu dem Freibetrag des Schuldners.

Die Tabelle der Pfändungsfreibeträge finden Sie im Anhang.

Wann zählen die üblichen Pfändungsfreigrenzen nicht mehr?

Natürlich gibt es auch **Sonderfälle**, in denen die üblichen Pfändungsfreigrenzen nicht mehr zählen.

- Übersteigt das bereinigte Nettoeinkommen über der derzeitigen Grenze **von 3.154,15 Euro**, so ist es über dieser Freigrenze komplett pfändbar.

  Dabei spielt die Anzahl der unterhaltsberechtigten Personen keine Rolle mehr.

- Natürlich gelten die üblichen Pfändungsgrenzen nicht mehr, wenn zum Beispiel alle **zwei Jahre** die Freigrenzen in der Pfändungstabelle erhöht werden. Die jetzigen Pfändungsfreigrenzen **gelten bis Juli 2013**.

- **§ 850d ZPO** hebt die üblichen Pfändungsfreigrenzen auf. Hier geht es um Schulden aus Unterhaltsansprüchen und da wird der **Selbstbehalt** laut der Düsseldorfer Tabelle zu Grunde gelegt als Pfändungsfreibetrag.

Kann ich eine Erhöhung der Freigrenzen beantragen?

Ja, das können Sie.

Und unter **bestimmten Voraussetzungen** sehen Ihre Chancen auf Gewährung Ihres Antrages gar nicht mal so schlecht aus. Diese können Folgende sein:

- Mehr als 5 unterhaltspflichtige Personen

- Bei geringfügiger Beschäftigung (dieser Verdienst ist dann nämlich pfändungsfrei)

- Begründeter Mehrbedarf bei Krankheit,

- Schwangerschaft,

- oder Behinderung.

Wann lohnt sich eine Erhöhung der Freigrenzen zu beantragen?

In der Rechtsprechung werden **nur 5 unterhaltspflichtigen Personen** berücksichtigt. Das Modell der Großfamilie scheint nicht mehr zu existieren.

Das ist eine **Benachteiligung und eine Verletzung der Grundrechte** (Gleichbehandlungsgrundsatz) der weiteren unterhaltspflichtigen Personen, die so nun nicht mehr Berücksichtigung finden.

Hier lohnt es sich einen entsprechenden Antrag auf Erhöhung der Pfändungsfreigrenzen einzureichen.

Haben Sie geheiratet oder wurde ein Kind in Ihrer Familie geboren, dann stellen Sie unbedingt einen Antrag auf die Erhöhung der Freibeträge.

> ➢ **Tipp:** Verfügen die Familienmitglieder, denen Sie Unterhalt gewähren, über ein **eignes Einkommen**, dann liegt es im Ermessen des Gerichtes nach **§ 850c Abs.4 ZPO**, ob und in wie weit diese Personen bei den Pfändungsgrenzen mitgerechnet werden.

➢ **Tipp: Wichtig für Sie** ist dabei, ob diese Einkünfte zu den **pfändbaren Einkommensarten** gehören. Denn nur diese werden in Betracht gezogen.

➢ **Tipp:** Deckt der Betrag aus den Pfändungsfreigrenzen nicht Ihren Bedarf wegen hoher Mietkosten zum Beispiel, dann können Schuldnerberater oder das Sozialamt eine **sozialhilferechtliche Bedarfsbescheinigung** ausstellen.

➢ **Tipp:** Häufig werden auch **Betreuungs- und Therapiekosten für Behinderte oder Pflegefälle** in der Familie berücksichtigt. Bezahlen Sie zum Beispiel einen Heimplatz, so sind das Mehraufwendungen, die auch Berücksichtigung finden müssen. Das gilt besonders, wenn es den Unterhaltsfreibetrag übersteigt.

➢ **Tipp:** Haben Sie **hohe berufliche Werbungskosten**, dann stellen Sie ebenfalls einen Erhöhungsantrag. Dem Gesetzgeber liegt nichts daran, dass Sie Ihre Arbeit verlieren und dann von staatlichen Stellen abhängig sind.

Wo kann ich einen Antrag auf Erhöhung der Freigrenzen stellen?

Grundsätzlich stellen Sie einen Antrag auf Erhöhung der Freigrenzen bei **dem Amtsgericht**, in dessen Zuständigkeit Sie wohnen.

Leben Sie in einem größeren Ort mit mehreren Gerichten, dann fragen Sie ganz einfach beim **Bürgerbüro** oder im **Rathaus** nach.

Auch die **Amtsgerichte** geben Ihnen darüber Auskunft.

Die Beantragung auf Erhöhung der Freigrenzen erfolgt auf Grundlage **von § 850f ZPO**.

> ➢ **Tipp:** Das Vollstreckungsgericht wird den **Gläubiger** anhören und wird ihm dazu auch die Anlagen, die Sie als Nachweis einreichen müssen, übersenden.
>
> Deshalb sollten **sensible Angaben**, wie Kontonummer, Bankverbindung, Telefonnummer, Krankenkasse, Rentenversicherungsnummer zuvor **geschwärzt** werden.

Wird alles oberhalb der Freigrenzen gepfändet?

Ja, es gibt eine allgemeine **Obergrenze** für Pfändungsfreibeträge von **3.154,15 Euro.**

Ein Einkommen, das diese Grenze übersteigt, wird voll gepfändet.

Bis zu dieser Obergrenze gibt es ein kompliziertes System, nachdem die Pfändung erfolgt.

Dafür gibt es die Pfändungsfreigrenzentabelle. Am Ende des Buchs finden Sie die Pfändungsfreigrenzentabelle.

So soll dem Schuldner einen Anreiz zur Erzielung eines höheren Einkommens bleiben.

Sie können aber diese Obergrenze bei einem entsprechenden Mehrbedarf erhöhen lassen.

Ist meine Rente pfändbar?

Das hängt in erster Linie von der Art Ihrer Rente ab.

Waisen- oder Hinterbliebenenrenten zum Beispiel sind nicht pfändbar.

Alters- und Erwerbsunfähigkeitsrente dagegen können gepfändet werden.

Grundsätzlich aber gilt:

Renten sind erst **ab dem Auszahlungsdatum** pfändbar. Das heißt, erst wenn die Rente zur Auszahlung kommt, ist sie pfändbar.

Dabei gelten wieder die bekannten **Pfändungsfreigrenzen**. Sie können auch hier den Erhöhungsantrag für die Freigrenzen stellen.

Gibt es verschiedene Arten der Pfändung?

Ja, es gibt verschiedene Arten der Pfändung. Dabei überschneiden sich einige Pfändungsarten bzw. die Grenzen sind fließend.

Wir werden hier die gebräuchlichen Formen der Pfändung aufführen:

> Kontopfändung

> Lohnpfändung

> Taschenpfändung

> Austauschpfändung

> Sachpfändung

> Zwangsversteigerung

Natürlich gibt es noch mehr Pfändungsarten.

Was bedeutet eine Pfändung in körperlicher Sache?

Das klingt ganz lustig und ist ein typisches Beispiel für unser Amtsdeutsch.

Bei der Pfändung einer körperlichen Sache geht es nicht um die neuen Brustimplantate Ihrer Frau, sondern um die **Pfändung beweglicher Sachen** wie

- Mobiliar,

- Bilder,

- Schmuck,

- Skulpturen oder

- andere Gegenstände von Wert in Ihrem Besitz.

Was ist eine Forderungspfändung?

Diese Art der Pfändung ist weniger bekannt, denn hier werden beispielsweise zu **erwartende Steuerrückerstattungen oder ausstehende Zahlungen anderer Personen an Sie** (wie zukünftige Tantiemen) gepfändet.

Eigentlich ist diese Pfändung eine der **sichersten und vor allem kostengünstigsten Varianten** für den Gläubiger. Nur weiß kaum jemand etwas davon.

Bieten Sie von sich aus die Möglichkeit dem Gläubiger an, wenn Sie eine größere Summe erwarten, welche die Schuld abdeckt.

Dann haben Sie Ruhe vor der Pfändung, Ihre Konten bleiben frei und Sie vermeiden die eidesstattliche Versicherung.

> ➢ **Tipp:** Achtung, auch hier gelten **Pfändungsfreibeträge**. Schöpfen Sie Ihren Pfändungsfreibetrag im Monat nicht voll aus, dann stellen Sie rechtzeitig einen **Antrag auf Pfändungsschutz** für die Steuerrückzahlung.
>
> Immerhin wurden die Beträge von Ihrer Lohnsteuer einbehalten und standen

Ihnen so im Monat nicht mehr zur Verfügung.

Dieser Weg ist relativ unbekannt und wurde kaum in Anspruch genommen, obwohl er sehr sicher ist.

> **Tipp:** Auf diese Art der Pfändung greifen gern **Oberfinanzdirektionen zu bzw. Gemeinden und Ämter**.

Der **Nachteil** ist folgender: da häufig mit einer Angelegenheit **drei oder mehr Vollzugsstellen** beauftragt werden, kann es zu einer Überschneidung von der Begleichung der Forderung kommen.
Zu allem Überfluss sind Sie in der **Beweispflicht**, dass die Forderungen bereits getilgt sind.

Schon aus diesem Grund lohnt es sich, sämtliche Belege und Quittungen abzuheften.

Vergleichen Sie also grundsätzlich die Forderungsnummer sowie die Schuld mit früheren Tilgungen.

Trauriges Beispiel für diese Praxis sind **Gemeinden und die GEZ**, die auf diese Art und Weise versuchen, ihre Kassen aufzufüllen.

Eine Lohnpfändung – wie geht das?

Die **Lohnpfändung** wurde vor einigen Jahren noch hauptsächlich bei säumigen Unterhaltsschuldnern angewandt.

Heute kann jeder Gläubiger mit dem Wissen um den Arbeitsplatz seines Schuldners und einem Vollstreckungsbescheid eine Lohnpfändung vornehmen.

Das ist nicht nur unangenehm, sondern kann auch in manchen Berufen zur Entlassung führen.

Droht Ihnen eine Lohnpfändung oder Sie vermuten, dass es dazu kommen kann, dann **reden Sie mit Ihrem Arbeitgeber** bereits im Vorfeld. So ist dieser darauf vorbereitet und kann Ihnen vielleicht sogar helfen.

Manche Firmen sind großzügig und geben in solch einem Fall einen **zinslosen Kredit**, der direkt an den Gläubiger ausgezahlt wird.

Für falsche Scham ist jetzt sowieso zu spät, also nehmen Sie so ein Angebot an.

Urlaubsgeld und Co. - Was darf bei einer Lohnpfändung nicht an den Gläubiger ausgezahlt werden?

Oft genug wissen Buchhaltungen nicht, wie eine **Lohnpfändung korrekt berechnet** wird.

Weisen Sie Ihre Buchhaltung darauf hin, dass **Urlaubsgeld** grundsätzlich **unpfändbar** ist und nur die Pfändungsgrenzen auf das **Nettogehalt** angerechnet werden dürfen.

Weiter sind mindestens **500 EUR** vom **Netto-Weihnachtsgeld** pfändungsfrei.

Auch **Zulagen** wie Erschwernis- oder Schmutzzulage sind **pfändungsfrei**.

Weiterhin ist zur **Hälfte die Vergütung von Überstundenzulagen** pfändungssicher.

Das ist in den Gesetzesvorschriften von **§ 850 ZPO** zu finden, aber auch bei Schuldnerberatungen sowie im Internet als PDF-Datei erhältlich.

Taschenpfändung – Handtasche auf und alles ist weg?

Nein, so funktioniert es nicht.

Bei einer Taschenpfändung wird nur nach Bargeld im Haus gefragt oder Einsicht in die Geldbörse genommen.

Nun gab es jede Menge Fragen zu Bargeld, das man zu Hause aufbewahrt. Im Grunde drehte sich alles um diese Frage:

„Wird alles gepfändet und bleibt mir nichts, um den Lebensunterhalt weiter zu bestreiten?"

Können Sie nachweisen, dass Sie von diesem Bargeld leben, dann gelten auch hier die **Pfändungsfreigrenzen**. Der Nachweis kann über die Kontoauszüge erfolgen.

Aber normalerweise reicht es, wenn Sie dem Beamten mitteilen, dass Sie dieses Geld für die Haushaltskasse benötigen.

Sachpfändung – alle Schränke sind leer, oder was?

Nein, auch hier müssen sich Gerichtsvollzieher an das Gesetz halten. Und das schreibt genau vor, was Ihnen bleiben muss. Nämlich alles, was Ihnen eine **bescheidene Lebensführung** ermöglicht.

Nun ist die Frage, was zählt als bescheidene Lebensführung.

Pauschal kann gesagt werden, hier werden hauptsächlich die **Maßstäbe von Hartz IV** angelegt.

Haben Sie eine wertvolle Sache bzw. Gegenstand, den Sie aber laut Gesetzgeber besitzen dürfen, dann kann dieser nur im Austausch gegen einen Gegenstand von geringem Wert gepfändet werden (**Austauschpfändung**).

Es werden also bei einer Sachpfändung nicht die Schränke leer sein. In rund 90 % der Fälle wird gar nichts gepfändet, da nichts von Wert vorhanden ist.

Kontopfändung – und jetzt?

Außer der typischen Pfändung beweglicher bzw. körperlicher Gegenstände, erlangen langsam die Kontopfändungen traurige Berühmtheit.

Auch hiermit wird der Gerichtsvollzieher beauftragt. Dabei wird Ihnen erst einmal das Konto gesperrt, um das **Guthaben auf Ihrem Konto an den Gläubiger** abzuführen.

Was für den Gläubiger eine relativ sichere Sache ist, um sein Geld einzutreiben, ist für Sie als Schuldner nervenaufreibend und mitunter sehr einschneidend, wenn Sie nicht um Ihre Rechte Bescheid wissen.

Normalerweise erfahren Sie als Letzter, dass eine Kontopfändung vorgenommen wurde. Das Schreiben des Gerichtsvollziehers zur Kontopfändung geht Ihnen **meist einen Tag später** zu, nachdem die Bank bereits das Konto gesperrt hat.

Das ist ärgerlich, besonders wenn Sie nichts ahnend Ihre EC-Karte in den Geldautomaten stecken und diese einbehalten bleibt.

Sozialleistungen, die auf dieses Konto überwiesen werden, konnten Sie bisher innerhalb von **7 Werktagen** abheben. Das ist seit dem 01.01.2012 nicht mehr möglich. Doch Ihre Sozialleistungen sind nicht verloren, sondern für **14 Tage** eingefroren.

Ebenso verhält es sich mit Lohnzahlungen. Diese können nach **14 Tagen** gepfändet werden, wenn Sie nicht bei Ihrem Amtsgericht einen **Freigabeantrag** in Höhe des Ihres Pfändungsfreibetrages beantragen.

> ➤ **Tipp:** Sie haben die Möglichkeit, ein Konto sofort und kostenfrei in ein **Pfändungsschutzkonto** umzuwandeln. Dazu sind die Banken verpflichtet.
>
> Das ist eine Sache von einer halben Stunde und Sie können über den **Pfändungsfreibetrag für Sie** selbst sofort verfügen.

> ➤ **Tipp: Weitere Freibeträge** lassen Sie sich auf einem **Formblatt**, das Ihnen Ihre Bank aushändigt, von dem Arbeitgeber, der Kindergeldstelle oder dem Arbeitsamt eintragen.
>
> Sie können auch mit Ihren Papieren zu einem **Schuldnerberater** gehen und sich dort die Freibeträge eintragen lassen.

Wie verhindere ich eine Kontopfändung?

Es gibt einige Möglichkeiten, um eine Kontopfändung zu verhindern. Wir stellen Sie Ihnen hier vor:

- Richten Sie sich ein **Pfändungsschutzkonto** ein. Auch P-Konto genannt. Die Banken sind gesetzlich dazu verpflichtet.

- Haben Sie ein **zweites Konto**, dass dem Gläubiger bzw. dem Gerichtsvollzieher nicht bekannt ist? Dann leiten Sie Ihre Zahlungseingänge auf das zweite Konto um.

- Sie können auch ein **neues Konto** eröffnen und Ihre Eingänge darauf umleiten.

- Oder ganz simpel, bieten Sie Ihrem Gläubiger **eine Ratenzahlung** an.

Wann muss ich ein pfändungsfreies Konto haben?

Sobald Sie erfahren, dass ein **Vollstreckungsbescheid** gegen Sie ergangen ist, sollten Sie ein Pfändungsschutzkonto einrichten.

Es ist unterschiedlich, wie schnell die Gerichtsvollzieher arbeiten. Doch meistens bleiben Ihnen **mindestens 14 bis 28 Tage**, bis der Gerichtsvollzieher aktiv wird.

Damit es zu einer Kontopfändung überhaupt kommen kann, muss der Gläubiger über einen **Pfändungs- und Überweisungsbeschluss** verfügen.

Weiterhin ist es erforderlich, dass der Gläubiger weiß, wo sich Ihr **Konto** befindet und dann muss er dem Gerichtsvollzieher einen **Auftrag zur Kontopfändung** erteilen.

Dafür muss der Gläubiger in **Vorkasse** treten und die **Kosten des Gerichtsvollziehers** im Voraus bezahlen.

> ➢ **Tipp:** Stellen Sie Ihr Konto **vorsorglich** um, wenn Sie Schulden haben.

Welche Nachteile habe ich mit einem pfändungsfreien Konto?

Die Nachteile fallen nicht so sehr auf.

Erst bei näherer Betrachtung wird offensichtlich, dass diese Regelung auch ihre Mankos hat.

Der größte Nachteil ist wohl **der Eintrag in der SCHUFA**. Es gibt dafür ein neues Merkmal in der Schufa und soll **kein Negativeintrag** sein bzw. **keine Auswirkung** auf Ihre Einschätzung bei einer Kreditvergabe oder bei Handyverträgen **(Score)** haben.

Doch das ist stark zu bezweifeln. Die ersten Fälle von Ablehnungen bei Handyverträgen wegen vorsorglichen P-Konten hat es bereits gegeben. Den jeweiligen Personen wurde mitgeteilt, dass sie ein P-Konto haben und dies als negativ gewertet wird.

Da eine Übermittlung an die SCHUFA hier erfolgt, ist anzunehmen, dass auch **Wirtschaftsauskünfte** dieses Merkmal aufweisen werden. Das bedeutet, Ihre **Kreditwürdigkeit** wird weiter herunter gestuft.

Gibt mir jede Bank so ein pfändungsfreies Konto?

Ja, dazu sind die Banken seit dem 01.07.2011 **gesetzlich verpflichtet**. Die Praxis sieht jedoch anders aus.

Viele Banken nehmen den Wunsch nach einem P-Konto als Vorwand, um den Kunden an eine andere Bank zu verweisen oder sein Konto aufzulösen.

Das nennt sich **„Schalterhygiene"** und ist der Versuch, eventuelle Mehrkosten durch Kunden, mit geringem Einkommen zu vermeiden.

Relativ schnell erhalten Sie ein P-Konto bei der **Sparkasse** und bei der **Volksbank**. Dort gibt es auch keine Schwierigkeiten mit der Umschreibung eines Girokontos auf ein pfändungssicheres Konto.

Andere Banken lassen sich mit der Umschreibung ungewöhnlich lange Zeit. **Bearbeitungszeiten bis zu 14 Tage** sind keine Seltenheit.

Dürfen die Konten von Familienmitgliedern gepfändet werden?

Hier gehört ein **klares „Nein"** hin. Konten von Familienmitgliedern sind für den Beamten tabu.

Als **einzige** Ausnahme gilt folgendes:

Handelt es sich um ein **gemeinsames Konto**, wo beide als Verfügungsberechtigt und gleichberechtigt eingesetzt sind, dann darf der Beamte dieses pfänden.

Sind Sie aber nur als **unterschriftsberechtigt** im Konto eingetragen, dann kann der Gerichtsvollzieher das Konto **nicht** pfänden.

Grundsätzlich haften **Familienmitglieder nicht für Ihre Schulden** und das gleiche gilt auch für Sie. Sie müssen nicht für die Schulden Ihres Partners, von Geschwistern oder Eltern haften.

Unter diese Regelung fallen auch **Sparbücher, Aktien, Fonds, usw.**

Gemeinsamer Haushalt = gemeinsame Schulden?

Nein, ein gemeinsamer Haushalt heißt nicht, dass nun auch Schulden gemeinschaftlich sind.

Auch wenn Sie mit einem Partner zusammenziehen oder heiraten wollen, so heißt das nicht automatisch, dass Sie die Schulden mitheiraten oder übernehmen.

Das gilt auch für andere Familienmitglieder.

Fakt ist, dass jeder für seine eigenen Schulden haftet.

Dem entsprechend kann der Gerichtsvollzieher auch **nicht** Gegenstände oder Konten von Haushaltsmitgliedern pfänden.

Ist meine Altersvorsorge pfändbar?

Seit 2007 ist die Altersvorsorge bis zu einem bestimmten Freibetrag **nicht pfändbar**. Das ist **in § 851c ZPO** geregelt.

Danach sind **Beiträge zur Ansparung** der Rentenversicherung bzw. Altersvorsorge bis zur **Höhe des Pfändungsfreibetrages** geschützt.

Absatz 2 dieses Paragraphen schreibt die **angesparten Gesamtbeträge** vor, die diesem Pfändungsschutz unterliegen (maximal bis zu 238.000 EUR).

Folgende **Staffelbeiträge pro Jahr** sind pfändungsfrei:

18. bis vollendetes 29. Lebensjahr 2000 EUR

30. bis vollendetes 39. Lebensjahr 4000 EUR

40. bis vollendetes 47. Lebensjahr 4500 EUR

48. bis vollendetes 53. Lebensjahr 6000 EUR

54. bis vollendetes 59. Lebensjahr 8000 EUR

60. bis vollendetes 65. Lebensjahr 9000 EUR

Geerbt und alles futsch?

Ja, so ist es leider. Anders als in der Insolvenzordnung ist bei einer Pfändung die ganze Erbschaft fällig.

Die Ausnahme ist ein bestimmtes Nutzungsrecht. Hat Sie der Verstorbene als **Vorerbe** eingesetzt **mit einem Nutzungsrecht**, so ist dieses Erbe **pfändungsfrei**.

> ➢ **Tipp:** Überlegen Sie sich, ob Sie nicht Ihren Verwandten ansprechen und das Testament in dieser Form ändern lassen.

> ➢ **Tipp:** Vielleicht ist es auch eine Option, **Ihren Partner** oder **Ihre Kinder** als Erben einzusetzen, denn diese Erbschaften sind tabu für den Gerichtsvollzieher.

> ➢ **Tipp:** In manchen Fällen dürfte es besser sein, die Privatinsolvenz anzumelden, da hier die Hälfte des Erbes für die Schuldentilgung verwendet wird.

Doppelt gepfändet – was nun?

Das passiert sogar recht häufig und dann stehen viele Schuldner vor dem Problem der doppelten Pfändung.

Was ist geschehen?

Eine Schuldsumme wurde durch zwei oder manchmal sogar drei unterschiedliche Vollstreckungsstellen gepfändet. Fatal, wenn Sie kein Zahlengedächtnis haben, denn im ersten Moment klingt alles fremd.

Da Sie annehmen, dass wird schon seine Richtigkeit haben, prüfen Sie den Vorgang nicht genauer nach.

Die meisten von Ihnen werden bestrebt sein, den ungebetenen Gast lieber von hinten zu sehen. Also zahlen Sie erst einmal. Das böse Erwachen kommt erst hinterher, sobald Sie die Schuldsache überprüfen.

Sie haben doppelt bezahlt. Denn der Gläubiger hatte verschiedene Vollstreckungsbehörden beauftragt.

So war der Gerichtsvollzieher bei Ihnen, aber gleichzeitig wurde ein Antrag auf Forderungspfändung bei Ihrer Steuererstattung gestellt. Und schon wurden Sie zweimal gepfändet.

Nun werden Sie vergeblich darauf warten, dass einer von diesen Behörden oder der Gläubiger diesen Mehrbetrag wieder an Sie zurück überweist.

Sobald Ihnen auffällt, dass Sie einen Betrag zweimal bezahlt haben, mahnen Sie per Einschreiben den Gläubiger an.

Weisen Sie ihn auf die Doppelzahlung hin und fordern Sie den Gläubiger auf, innerhalb von 14 Tagen die Summe Ihnen zu überweisen.

Sollte er das nicht tun, dann leiten Sie nun die Vollstreckung ein. Der Gerichtsvollzieher hilft Ihnen dann sicher.

Was soll ich tun, wenn geborgte Gegenstände gepfändet wurden?

Die **Gegenstände von Mitbewohnern oder Partnern** sind eigentlich tabu. Trotzdem kann es geschehen, dass der Gerichtsvollzieher diese Dinge pfänden will.

Sie haben nun zwei Wege:

1. Sie müssen glaubhaft machen, dass Ihnen diese Dinge nicht gehören. Das können Sie an Hand von **Quittungen, Verträgen und ähnlichem**. Halten Sie diese Sachen am besten zu dem Termin mit dem Gerichtsvollzieher bereit. Er wird diesen Umstand berücksichtigen, wenn die Erklärung nicht offensichtlich falsch oder unglaubwürdig ist. Bei **Verheirateten** darf der Gerichtsvollzieher aufgrund gesetzlicher Vorschriften erst einmal fast alles pfänden.

2. Sollte es trotzdem zu einer Pfändung der Sachen kommen, die Ihnen nicht gehören, dann muss der Besitzer der Gegenstände umgehend bei dem Amtsgericht eine **Drittwiderspruch Klage** nach **§ 771 bis 774 ZPO** einreichen.

Darf ich Gegenstände, die gepfändet wurden weiter benutzen?

Auch wenn es teilweise, wie bei Haushaltsgegenständen, erlaubt ist, versuchen Sie es zu vermeiden.

Denn sollte es bei der **Benutzung kaputt** gehen, dann wird es Ihnen mit Sicherheit zur Last gelegt, dass Sie dies mutwillig getan haben. Und nun versuchen Sie, das Gegenteil zu beweisen.

Darum ist ein **Auto** beispielsweise von der weiteren Nutzung ausgeschlossen.

Doch auch hier handelt es sich um eine **Ermessensfrage** des Gerichtsvollziehers.

Haben Sie beispielsweise 8 Kinder und eine Waschmaschine, dann muss Ihnen der Gebrauch der Waschmaschine erlaubt werden, bis das Austauschgerät kommt. Und das wird Ihnen auch kein Gerichtsvollzieher verweigern, falls er überhaupt die Maschine pfändet.

.

Pfänden im Kinderzimmer – ist das erlaubt?

Nein, das ist **nicht erlaubt**. Der Gerichtsvollzieher darf zwar einen Blick ins Kinderzimmer werfen, aber nichts in dem Zimmer pfänden, was dem Kind gehört.

Da ein Kind ein Familien- und Haushaltsmitglied ist, kann es für die **entstandene Schuld nicht haftbar** gemacht werden. Das bedeutet: das Kinderzimmer, sämtliche Dinge wie ein eventuelles Einkommen des Kindes dürfen nicht gepfändet werden.

Die Praktiken einiger Gerichtsvollzieher, die sich das Kinderzimmer sowie die Sparbüchsen der Kinder zeigen lassen, sind fragwürdig und rechtlich nicht begründet.

Auch die Befragung des Kindes zu den Eigentumsverhältnissen hochwertiger Gegenstände wird als zweifelhaft angesehen. Manche Gerichtsvollzieher können und wollen Fantasie nicht von Wahrheit unterscheiden und sehen nur noch stur ihren Job.

Die Beamten pfänden erst einmal und Sie müssen bei Gericht eine Freigabe der Gegenstände zu beantragen.

Kann ich mich zu jeder Zeit mit dem Gläubiger einigen?

Ja, das ist zu jeder Zeit möglich. Die meisten Gläubiger sind froh, wenn Sie einen **Vergleich oder eine Ratenzahlung** anbieten bzw. **Kontakt** zu ihm aufnehmen.

Falls Sie also eine ruhige Lösung suchen, ohne den Besuch des Gerichtsvollziehers, dann schreiben Sie den Gläubiger an.

Es gibt aber auch Gläubiger, die gar nicht mit sich reden lassen. In dem Fall bitten Sie doch mal den **Gerichtsvollzieher um Mithilfe**. Zu 99 Prozent wird er Ihnen helfen. Immerhin soll der Beamte eine Art **Vermittler** zwischen Ihnen als Schuldner und dem Gläubiger sein.

> ➢ **Tipp:** In vielen Fällen lässt sich erst nach einer fruchtlosen Pfändung ein optimaler Vergleich mit dem Gläubiger erzielen.

> ➢ **Tipp:** Damit halten Sie auch zeitweise die Zwangsvollstreckung auf. Auf Dauer lässt sich der Gläubiger nicht vertrösten.

Was tun, wenn die Forderung nicht berechtigt ist?

Auch das kann vorkommen, denn immer öfter erreicht die Post nicht den Empfänger. Und schon in diesem Fall ist eine Vollstreckung nicht mehr berechtigt.

Obwohl seit drei Jahren der Absender gesetzlich verpflichtet ist, nachzuweisen, dass Post von Behörden auch wirklich beim Empfänger angekommen ist, sieht die Praxis ganz anders aus.

Sie müssen beweisen, dass die Post bzw. das **Einschreiben nicht bei Ihnen eingetroffen** ist.

Oder ist die **Forderung verjährt**? Auch das ist gar nicht so selten.

In jedem Fall wenden Sie sich umgehend an das Amtsgericht, sobald Sie von einer unberechtigten Forderung Kenntnis erhalten. Denn eine **Erinnerung gegen eine Pfändung** ist beispielsweise <u>innerhalb einer Woche</u> einzulegen.

Ratenzahlung an den Gerichtsvollzieher – wie geht das?

Bevor es zu den Pfändungen kommt, haben Sie die Möglichkeit eine **Ratenvereinbarung** mit dem Gerichtsvollzieher zu treffen, wenn der Gläubiger dies zulässt. In den meisten Fällen ist das der Fall.

Wägen Sie jedoch ab, ob Sie bei einer **6 Monate währenden Ratenzahlung** noch Ihre Miete, den Lebensunterhalt sowie die Energiekosten tragen können.

Bei einer Ratenzahlung an den Gerichtsvollzieher haben Sie nämlich nur **6 Monate zur Schuldentilgung** Zeit.

Fragen Sie den Gerichtsvollzieher einfach und direkt nach dieser Form der Tilgung. Sind Sie unsicher, dann lassen Sie sich von ihm beraten.

Dazu seien Sie unbedingt ehrlich. Die meisten Beamten gehen gern mit Ihnen alles durch und überprüfen auch, ob Ihnen genug zum Leben bleibt.

Wann kann mir die Ratenzahlung verweigert werden?

Ja, die **Ratenzahlung** kann Ihnen **verweigert werden**, wenn <u>begründete Zweifel</u> an Ihrer Zahlungsfähigkeit bestehen.

Dazu reicht es aber nicht, wenn der Gerichtsvollzieher meint, eine Ratenzahlung ist angeblich schief gegangen und nun wird die Ratenzahlung für die Zukunft weiterhin abgelehnt.

So geschehen in Niedersachsen.

Ein Obergerichtsvollzieher lehnte eine Ratenzahlung ab, obwohl die ausdrücklich vom Gläubiger erwünscht war.

Begründung: Die Schuldnerin hätte schon einmal eine **<u>Stundungszahlung nicht eingehalten</u>**.

Obwohl alle Dokumente vorlagen, dass die Zahlung damals erfolgte, nur eben direkt an den Gläubiger, beharrte der Beamte stur auf seiner Ablehnung.

Gegen diese Ablehnung der erwünschten Ratenzahlung hätten der Gläubiger und die

Schuldnerin **recht erfolgreich Klage** einlegen können.

Hier hatte sich der Obergerichtsvollzieher eines <u>klaren Verfahrensfehlers</u> schuldig gemacht.

> ➢ **Tipp:** Sie müssen also eine Ablehnung Ihres Wunschs nach einer Ratenzahlung durch den Gerichtsvollzieher nicht einfach so hinnehmen. Reichen Sie **Klage bei Gericht** ein. Auch ein Gerichtsvollzieher muss seine Arbeit vernünftig ausführen.

> ➢ **Tipp:** Es reicht nicht, wenn der Gerichtsvollzieher annimmt, Sie würden ja sowieso nicht zahlen, <u>ohne plausible Gründe</u>.

> ➢ **Tipp:** <u>Ablehnungsgründe</u> dürfen nur folgende sein:

> > • **Akute Gefährdung** Ihrer Pfändungsfreibeträge,

> > • **Wiederholte Nichtzahlung** von Raten (mindestens 3 mal hintereinander),

> > • Wenn der Betrag **nicht mit 6 bis 8 Monatsraten** bezahlt werden kann.

Fruchtlose Pfändung – was ist das?

Eine fruchtlose Pfändung bedeutet, dass es **nichts zu pfänden** gab bei Ihnen. Somit trug die Pfändung **keine „Früchte"** – sie war also fruchtlos.

Dieser Begriff wird dann ins **Pfändungsprotokoll** eingetragen und beweist dem Gläubiger, dass weitere Pfändungen bei Ihnen keinen Sinn haben würden.

Trotzdem steht es Ihrem Gläubiger frei, **weitere Pfändungen** dem Gerichtsvollzieher in Auftrag zu geben, da der Gläubiger in Vorkasse treten muss für die Kosten des Gerichtsvollziehers.

Leider bekommen Sie diese Kosten in Rechnung gestellt. Damit der Gläubiger nicht noch mehr Geld in eine sinnlose Sache investiert und Ihre Schulden so ins Quadrat wachsen, gibt es den Vermerk der fruchtlosen Pfändung.

Gegen diese **Mehrkosten** ohne Sinn (denn das wären weitere Pfändungen) können Sie recht erfolgreich klagen.

Was hat es mit der Eidesstattlichen Versicherung auf sich?

Die Eidesstattliche Versicherung ist besser bekannt unter dem früheren Begriff **„Offenbarungseid"**.

Dabei erfasst der Gerichtsvollzieher Ihre **Vermögens- und Einkommensverhältnisse**, in dem er Ihnen vorher das Formular „Vermögensverzeichnis" zusendet.

Dieses müssen Sie **umfassend** und vor allem **wahrheitsgemäß** beantworten. Unwahre Angaben ahndet das Gesetz mit strengen Strafen nach **§ 156 StGB**.

Mit diesen Angaben legen Sie also Ihre Finanzen offen und zeigen damit, dass bei Ihnen derzeit nichts zu holen ist.

> ➤ **Tipp:** Die Abschrift der EV geht auch Ihrem Gläubiger zu. Gern nutzen Gläubiger nun das Bekanntwerden Ihrer **Arbeitsstelle und Ihrer Konten**, um nun dort noch etwas zu pfänden, obwohl das nicht erlaubt ist.

Wann muss ich die Eidesstattliche Versicherung abgeben?

Die Eidesstattliche Versicherung muss vom **Gläubiger bei dem Gerichtsvollzieher** beantragt werden.

Die EV kann eben durch den Gerichtsvollzieher direkt im Anschluss nach einer erfolglosen Pfändung abgenommen werden.

Da aber zu diesem Zeitpunkt meistens die notwendige Ruhe zum Ausfüllen des Formulars **„Vermögensverzeichnis"** fehlt, ist die Wahrscheinlichkeit von möglichen Fehlern groß und darum könnten Sie diese Eidesstattliche Versicherung mit Erfolg vor Gericht anfechten.

Doch in der Praxis sieht es eher so aus, dass Sie **etwa zwei Wochen** nach der Pfändung von dem Gerichtsvollzieher in sein Büro vorgeladen werden und er Sie auffordern wird, die eidesstattliche Versicherung abzugeben.

Sie haben nach **§ 900 Abs. 2 ZPO** ein Recht auf einen gesonderten Termin.

Urplötzlich wird die EV verlangt – was nun?

Eine urplötzliche Abgabe der EV gibt es eigentlich nicht. Wenn dies aber Ihnen passiert, dann können Sie sich sicher sein, dass dem **Gerichtsvollzieher ein Fehler** unterlaufen ist.

Denn im Vorfeld muss eine **fruchtlose Pfändung** erfolgt sein. Dazu muss der Gerichtsvollzieher bei Ihnen in der Wohnung gewesen sein und Ihnen ein Pfändungsprotokoll ausgehändigt haben.

Haben Sie aber **kein Pfändungsprotokoll**, dann verlangen Sie vom Beamten dieses einzusehen bzw. dass es Ihnen zugeschickt wird. Denn nun ist es fast sicher, dass der Beamte gar nicht bei Ihnen gewesen sein kann.

Manche Gerichtsvollzieher halten sich nun für clever und schreiben ins Protokoll irgendwelche Daten rein, an denen der Beamte angeblich bei Ihnen gewesen war.

Vergleichen Sie die Daten **unbedingt**! Denn können Sie nachweisen, dass Sie zu dem Zeitpunkt anwesend waren, dann haben Sie gute Chancen gegen die EV zu klagen.

Habe ich Rechtsmittel gegen die EV?

Nein, gegen die Eidesstattliche Versicherung an sich nicht. Sehr wohl aber <u>gegen die Verfahrensweise des Gerichtsvollziehers</u>, war diese nicht korrekt.

Deshalb lassen Sie sich das **Pfändungsprotokoll** aushändigen, besonders wenn der Gerichtsvollzieher gar **nicht bei Ihnen** gewesen ist. Denn dann liegt die Vermutung nahe, dass hier ein **Verfahrensfehler** vorliegt, wegen dem Sie klagen könnten.

Schließlich beruht der Auftrag zur Abnahme der EV auf dem **Pfändungsprotokoll** und der damit verbundenen **fruchtlosen Pfändung**.

Können Sie nachweisen, dass Sie zu den vom Beamten angegebenen Terminen zu Hause waren und somit das **Pfändungsprotokoll auf falschen Tatsachen** beruht, ist ein leichtes, die EV erst einmal einstellen zu lassen.

> ➢ **Achtung:** Sie können diesen Termin umgehen, wenn Sie glaubhaft dem Beamten nachweisen, dass Sie **innerhalb von drei Monaten** den Gläubiger bezahlen.

Wo finde ich Hilfe beim Ausfüllen der Formulare?

Mit dem Termin für die Eidesstattliche Versicherung erhalten Sie auch jede Menge Papiere und Formulare. Alles im feinsten Amtsdeutsch, damit Sie ja nicht wissen, was Sie darauf antworten sollen.

Damit Ihnen beim Ausfüllen der Formulare keine Fehler unterlaufen, haben Sie verschiedene Möglichkeiten zur Verfügung:

- kostenfreie Rechtsberatung

- Schuldnerberatung

- Rechtsanwalt

- Gerichtsvollzieher

- ➤ **Tipp:** Im August kommt mein neues Buch **„Alles zum Gerichtsvollzieher & Co"** heraus. Dort finden Sie sämtliche Formulare wie die notwendigen Erklärungen dazu.

Welche Unterlagen muss ich zum Termin beim Gerichtsvollzieher mitbringen?

Natürlich müssen Sie die Angaben in den Formularen auch nachweisen. Dazu benötigen Sie verschiedene Unterlagen:

- ✓ Personalausweis oder Reisepass

- ✓ Sparbücher (das liegt in Ihrem Ermessen)

- ✓ Kontonummer eines Girokontos (am besten ein P-Konto)

- ✓ Aktueller Grundbuchauszug bei vorhandenen Grundstücken und Gebäuden

- ✓ Ehevertrag

- ✓ Scheidungsvereinbarungen

- ✓ Eigentumsnachweise

- ✓ Versicherungspolicen

Was passiert bei dem Termin für die EV?

Der Termin bei dem Gerichtsvollzieher zur Abgabe der Eidesstattlichen Versicherung verläuft recht unspektakulär.

Der Beamte nimmt Ihre ausgefüllten Formulare entgegen und kontrolliert sie auf **Vollständigkeit**.

Anschließend vergleicht er die **Formulare mit Ihren Nachweisen**. An Hand Ihres **Ausweises** bestätigt er Ihre Anwesenheit und Ihre Unterschrift auf den Unterlagen.

Falls der Gerichtsvollzieher **Kopien von Ihren Belegen** benötigt, dann wird er diese nun anfertigen.

Nachdem der Papierkrieg erledigt ist, muss Sie der Beamte auf die **Folgen der EV** hinweisen. Wenn Sie keine Fragen mehr haben, können Sie gehen.

Normalerweise dauert die Abgabe der EV nicht mehr als **15 bis 30 Minuten**.

Welche Auswirkungen hat die Eidesstattliche Versicherung?

Viele Menschen sehen die EV als das gesellschaftliche Aus. In gewisser Hinsicht ist das auch so. Die **negativen Folgen** sind weitreichend und mitunter einschneidend. Wir haben die negativen Aspekte nachfolgend aufgelistet:

- ➢ Durch die Eintragung in das öffentliche Schuldnerverzeichnis und die SCHUFA ist es möglich, dass Sie **keine Kredite** erhalten und unter Umständen bestehende **Kredite gekündigt** werden.

- ➢ Die Kontoeröffnung ist nur noch auf **Guthabenbasis** möglich.

- ➢ **Kreditkarten** werden eingezogen bzw. nicht ausgestellt.

- ➢ Ein **Einkauf auf Rechnung** wird unmöglich. In den meisten Fällen zahlen Sie nun per Vorkasse oder Nachnahme.

- ➢ **Ratenvereinbarungen** für den Einkauf gibt es nicht mehr.

- ➢ Die **Wohnungs- und Jobsuche** ist erschwert.

> Andere **Gläubiger** erfahren von Ihrem Arbeitsplatz und Ihre Kontoverbindung.

Doch wie jede Sache hat alles eine negative und positive Seite. Beleuchten wir doch mal die positiven Folgen:

> Sie haben Zeit, Ihre **Finanzen zu ordnen**.

> Nutzen Sie diese Phase, um nach Möglichkeiten zur **Entschuldung** zu suchen, am besten mit Hilfe einer Schuldnerberatung. Die AWO, das DRK und andere gemeinnützige Einrichtungen haben in jeder größeren Ortschaft eine Schuldnerberatung.

> Sie können unter besseren Voraussetzungen Ihre **Schulden abbauen**.

> Ihre **Verhandlungsgrundlage** bei den Gläubigern ist nun eine viel bessere. Auf mögliche Vergleiche Ihrerseits ist ein Gläubiger eher gewillt einzugehen, da er weiß, dass Sie keine versteckten Vermögenswerte haben.

> Das öffentliche Schuldnerverzeichnis ist nur für Personen mit berechtigtem

Interesse zugänglich. Also Otto-Normalverbraucher oder Ihr Nachbar wird dort nicht reinschauen dürfen, Inkassobüros oder andere Gläubiger schon. Da **weitere Zwangsmaßnahmen** mit Kosten für den Gläubiger verbunden sind, wird er davon Abstand nehmen und die drei Jahre abwarten.

Fazit: Sie verschaffen sich erst einmal eine Ruhepause mit der Abgabe der Eidesstattlichen Versicherung. Was aber nicht bedeutet, Sie können nun alles dem Selbstlauf überlassen. Zinsen laufen trotz dieser Zeit weiter und wachsen an. Bemühen Sie sich eher die Schulden effektiv abzubauen. Die notwendigen Argumente haben Sie mit der eidesstattlichen Versicherung in der Hand.

Hinweise:

❖ Wer sich gegen die **EV wehrt**, erweckt den Verdacht, dass es Vermögenswerte gibt, die Sie nicht offen legen wollen.

❖ Einer EV können Sie nur eine **bestimmte Zeit ausweichen**. Geben Sie gleich die eidesstattliche Versicherung ab, dann haben Sie es hinter sich und ersparen sich jede Menge Ärger.

Gibt es wirksame Strategien gegen die EV?

Nein, es gibt keine wirklich nützlichen Strategien gegen die EV. Sie können aber **Zeit herausholen**, falls Sie eine größere Summe erwarten oder die Verhandlungen mit dem Gläubiger sich hinziehen.

> **Tipp:** Sie benötigen Zeit? Dann haben Sie die Möglichkeit, den Termin für die EV **verschieben** zu lassen. Gegen **Dienstreisen und Krankheiten** kann auch ein Gerichtsvollzieher nichts machen. Das funktioniert zwar nur einmal, aber in der Regel können Sie hier **14 Tage zusätzliche Zeit** herausholen.

> **Tipp:** Verlangt der Gerichtsvollzieher **sofort die EV** von Ihnen nach einer fruchtlosen Pfändung, so können Sie dies **verweigern.**

Sie haben das Recht, Ihre EV im Gericht abzugeben. Das verschafft Ihnen **zwei bis vier Wochen Zeit**, etwas zu unternehmen.

➤ **Tipp:** Brauchen Sie etwas mehr Zeit? Dann sollten Sie dem Gerichtsvollzieher **glaubhaft** versichern, dass Sie in **drei Monaten** die Schuld bezahlen können.

Legen Sie den ersten Termin für die erste Ratenzahlung in einen Bereich von drei bis vier Wochen. So holen Sie noch einmal **legal 3 bis 4 Wochen** heraus.

➤ **Tipp:** Sobald Sie die Aufforderung zur Eidesstattlichen Versicherung in der Hand halten, setzen Sie sich **mit dem Gläubiger** in Verbindung und vereinbaren Sie einen Ihnen passenden **Ratenplan**. Das hält die EV **garantiert und sicher** auf.

➤ **Tipp:** Sie erwarten eine **Steuererstattung**? Dann bieten Sie dem Gläubiger diesen Weg über die **Forderungspfändung** an. Das gibt Ihnen ganz legal Zeit und im besten Fall verzichtet Ihr Gläubiger auf die EV.

➤ **Tipp:** Sie können auch **unbekannt umziehen**. Nur sollten Sie das nicht in dem Bezirk bzw. dem **Einzugsgebiet** Ihres Gerichtsvollziehers tun.

Damit sind Sie erst einmal nicht auffindbar und können also folglich nicht die EV abgeben. Nur auf Dauer verstoßen Sie so gegen das Meldepflichtgesetz und machen sich damit strafbar.

Bitte lassen Sie von folgendem die Finger:

➢ **Bücher und Ratgeber**, die Ihnen versprechen, dass Sie den Gerichtsvollzieher ausschalten könnten oder wie Sie die EV vermeiden, sollten Sie vergessen.

Zu 75 % sind die Tipps in diesen Büchern **nicht realisierbar, illegal** und die restlichen 25 Prozent sind an den Haaren herbei gezogene Paragraphen, mit denen Sie nicht glücklich werden, da sie Ihnen **keine konkreten Hilfen** bieten.

Das **einzige** was dabei herauskommt, ist ein dickes Konto für die Autoren, die mit Ihrer Ausweglosigkeit Geld verdienen.

- **Vorsicht bei Krediten ohne SCHUFA, angeblichen Schuldensanierungs-Krediten oder –firmen.** Diese schießen zurzeit wie Pilze aus dem Internetboden und verlangen saftige Gebühren für eigentlich gar nichts.

Kredite werden nicht vermittelt, aber Sie sollen Bearbeitungsgebühren von mindestens 350 EUR bezahlen. Für horrende Geldsummen erhalten Sie Sanierungskonzepte, die weder auf Sie abgestimmt sind, noch Ihnen konkret helfen.

Oder Ihnen wird ein jährlicher Betrag von mindestens 10 % Ihrer Schuldsumme aus der Tasche gezogen, um Ihre Schulden angeblich zu zentrieren.

In Wahrheit werden Ihre Gläubiger nur angeschrieben und ein Ratenvertrag angeboten. Es wird also richtig Kasse mit dem Projekt „Schulden" und Ihrer „Angst vor dem Gerichtsvollzieher" gemacht, aber wirkliche Hilfe erhalten Sie nicht.

Wann sollte die EV beschleunigt werden?

Man mag es nicht glauben, aber auch solche Fälle kann es geben und das nicht einmal selten.

Sie sollten die Eidesstattliche Versicherung beschleunigen, wenn folgendes auf Sie zutrifft:

- Sie möchten die **Privatinsolvenz** einleiten. Die **Voraussetzung** für die Eröffnung einer Privatinsolvenz ist die Abgabe der **Eidesstattlichen Versicherung**. Mit diesem Hintergrund können Sie selbst die EV abgeben. Fragen Sie beim Amtsgericht nach. Dort hilft man Ihnen weiter.

- Sie sind an einer **optimalen Einigung** mit dem Gläubiger interessiert. Vielleicht sind Sie jetzt erstaunt, aber es ist eine Tatsache, dass viele Gläubiger weitaus entgegenkommender und kompromissbereiter sind, wenn Sie erst einmal die EV abgegeben haben. Dann lohnen sich auch Vergleichsangebote von 20 Prozent im Austausch gegen den Schuldtitel.

Kann ein sofortiger Haftbefehl erteilt werden, wenn ich nicht zu dem Termin für die EV erscheine?

Erscheinen Sie nicht zu dem anberaumten Termin des Gerichtsvollziehers, dann kann der Gläubiger beantragen, dass Sie per **Haftbefehl** zur Abgabe der EV gezwungen werden.

Hat der Gläubiger dies **bereits mit der EV beantragt**, dann ist es durchaus möglich, dass sofort ein Haftbefehl ausgestellt wird.

Die Befugnisse des Gerichtsvollziehers reichen bis zur **Beugehaft**.

Wegen Ihrer Schulden müssen Sie nicht in den Strafvollzug, wohl aber bis zu **6 Monate** Haft drohen Ihnen, wenn Sie sich weigern, die EV abzugeben.

Es gibt einige schlaue Köpfe, die sich auch hier Gedanken gemacht haben und sehr interessante juristische Auslegungen bekannt machen.

Hier ein Beispiel für solch eine Auslegung: Quelle http://dirty-cop.com/rechtsbr%C3%BCche-durch-gerichtsvollzieher/

„Nach Protokoll Nr. 4 zur Konvention zum Schutze der Menschenrechte und Grundfreiheiten (analog Art. 6 II EMRK), durch das gewisse Rechte und Freiheiten gewährleistet werden, die nicht bereits in der Konvention oder im ersten Zusatzprotokoll in der Fassung des Protokolls Nr. 11 Straßburg, 16.09.1963 enthalten sind, ist die Freiheitsentziehung wegen zivilrechtlichen Schulden, – und somit auch die Einleitung einer Beugehaft für die Abgabe einer zivilrechtlichen eidesstattlichen Versicherung -, eine Menschenrechtsverletzung. Die Abgabe der Eidesstattlichen Versicherung (EV) ist eine zivilrechtliche Angelegenheit und darf nicht mit der Haft erzwungen werden, da es nicht erlaubt ist, gegen sich selbst eine Erklärung unfreiwillig abzugeben(Unschuldsvermutung Art. 6 II EMRK): Artikel 1 – Verbot der Freiheitsentziehung wegen Schulden: „Niemandem darf die Freiheit allein deshalb entzogen werden, weil er nicht in der Lage ist, eine vertragliche Verpflichtung zu erfüllen." [siehe auch IPbpR Art. 11 (Internationaler Pakt für bürgerliche und politische Rechte)]

(Land Deutschland: Unterzeichnung 16/9/1963; Ratifizierung 1/6/1968; Inkrafttreten 1/6/1968)"

Wer einen guten Anwalt hat, kann gern probieren, ob sich mit dieser Argumentation tatsächlich die Beugehaft aushebeln lässt. Ich würde mich freuen, sollte sich ein so erfolgreicher Schuldner bei mir melden.

Wird der Haftbefehl irgendwo eingetragen?

Ja, der Haftbefehl wird ein Jahr lang in den **Unterlagen des Gerichtsvollziehers** festgehalten.

Dieser Haftbefehl wird auch in die **SCHUFA** eingetragen und erst **nach drei Jahren** gelöscht.

Außerdem erfolgt auch eine Eintragung für ein Jahr in das **öffentliche Schuldnerverzeichnis**.

In wie weit das Rechtens ist, ist hier noch die Frage.

Nach deutscher Rechtsprechung soll diese Zwangsmaßnahme berechtigt und gesetzlich erlaubt sein.

Dem Gegenüber aber stehen einige Paragraphen in deutschem wie europäischem Recht, die dieser Berechtigung widersprechen.

Es bleibt abzuwarten, wie hier die Rechtsprechung und besonders der entsprechende europäische Gerichtshof in naher Zukunft entscheiden werden.

Wie lange gilt die Eidesstattliche Versicherung?

Die Eidesstattliche Versicherung hat eine Dauer von **drei Jahren**, ehe sie erneuert werden muss. Diese Erneuerung erfolgt über den Antrag eines Gläubigers.

In einigen Fällen **verkürzt** sich die Geltungsdauer der EV.

Das ist immer dann der Fall, wenn Sie die **jeweilige Schuld bezahlen**, wegen der Sie die EV abgeben mussten. In dem Fall wird Ihr Eintrag in dem öffentlichen Schuldnerverzeichnis **sofort gelöscht**.

Nur die **SCHUFA** braucht trotz bezahlter Schulden **drei Jahre**, bevor dieser Eintrag gelöscht wird.

Auch der Eintrag beim Gerichtsvollzieher muss sofort gelöscht werden. Aber das ist selten der Fall. Häufig verbleibt der Eintrag dort **ein weiteres Jahr**, bevor es zur automatischen Löschung Ihrer Daten kommt.

Wo wird die Eidesstattliche Versicherung eingetragen?

Da die Eidesstattliche Versicherung auch gleichzeitig ein Werkzeug zur „Erziehung von Schuldnern" darstellt, macht es nur Sinn, dass die EV auch öffentlich ist.

(So wird es kaum jemand ausdrücken, aber sieht man sich das ganze Instrument „Eidesstattliche Versicherung" genauer an, dann werden diese Zusammenhänge offenbar.)

In Zeiten, wo jeder nach dem optimalen Datenschutz schreit, ist es schon sehr auffällig, wie wenig dies für Schuldner und besonders die Eidesstattliche Versicherung gilt.

Denn diese wird automatisch im **öffentlichen Schuldnerverzeichnis, in die SCHUFA, in Bonitätsauskunfteien** eingetragen.

Dazu hat der Gerichtsvollzieher einen Vermerk in seinen Akten.

Selbst nach Bezahlung der Schuld und somit dem Abbruch der EV-Dauer bleibt dieser Eintrag **bis zu drei Jahren** ganz legal in den Akten stehen und ist für jeden einsehbar.

Neue Schulden nach der Eidesstattlichen Versicherung und nun?

Vorsicht! Das kann gefährlich werden. Denn superschnell sind einige der neuen Gläubiger mit dem **Betrugsvorwurf** bei der Hand.

Es ist erstaunlich, womit sich unsere Justiz herumschlagen muss und wo schnell Urteile gefällt werden, während wirkliche Straftäter frei kommen wegen der angeblichen Überlastung von Gerichten und der damit verbundenen Verjährung.

Ihnen geht es da gleich richtig an den Kragen.

Die unglaubliche Krönung war ein Fall im Amtsgericht Gifhorn, als eine bezahlte Schuld in Höhe von 25 EUR als Betrug ausgelegt wurde.

Begründung: Die Schuldnerin hat die Schuld erst zwei Wochen nach dem Zahlungstermin überwiesen und da sie zu dem Zeitpunkt die EV bereits abgegeben hatte, war sie willens einen offensichtlichen Betrug zu begehen.

Die Geldstrafe für dieses Fehlurteil betrug 500 EUR.

Ich habe diese Akte und den Vorgang selbst gesehen und kann den Wahrheitsgehalt bestätigen.

Vermeiden Sie also zu **späte Zahlungen oder Zahlungen per Banküberweisung**.

Denn gehen diese schief, sind einige Gläubiger sehr fix mit dem Betrugsvorwurf bei der Hand.

Und ein Einzahlungsbeleg als Zeichen Ihrer Unschuld nutzt Ihnen bei deutschen Gerichten nicht mehr viel.

Offenbar ist es heute einfacherer, jemanden mit einer EV wegen angeblichen Betruges vor Gericht zu bringen, als sich um die richtige Strafverfolgung zu kümmern.

Klage wegen Betruges auf Empfehlung des Gerichtsvollziehers, ist so etwas erlaubt?

Nein, das ist es nicht.

Aber solche Art der Verbrüderung zwischen Gerichtsvollzieher und dem Gläubiger ist gar nicht mehr so selten.

Sollte Sie an Unterlagen kommen oder Ihr Gläubiger ist so naiv, Ihnen von dieser Empfehlung seitens des Gerichtsvollziehers zu schreiben, dann reichen Sie **Klage oder eine Dienstaufsichtsbeschwerde gegen den Beamten** ein.

Denn dann ist er zu weit gegangen und hat die **Grundsätze seiner Arbeit** vergessen.

Schon **§ 806b ZPO** sagt viel darüber aus, wie der Gerichtsvollzieher die Vollstreckungsangelegenheit für Schuldner und Gläubiger regeln sollte, nämlich **zügig und gütlich**.

Lesen Sie auch hierzu unter Frage 9 zu Beginn dieses Buchs nach.

Kann ich mein Eigentum tatsächlich durch eine GbR schützen?

Teilweise ist das wohl möglich. Voraussetzung aber dafür muss die Existenz einer Firma sein, die Sie tatsächlich betreiben.

Ganz wichtig ist dabei, dass Sie diese Firma nicht nur nebenberuflich betreiben, sondern **hauptberuflich** und dass es **Gewinne** bzw. ein **Wachstum** gibt.

Geschieht diese Umwandlung der Firma vom Einzelunternehmen zur GbR **kurz vor der Eidesstattlichen Versicherung**, dann kann der Gläubiger recht erfolgreich verlangen, dass die darin investierten Vermögensanteile an ihn ausgezahlt werden.

Denn es liegt die Vermutung nahe, dass Sie zum Zwecke der **Verschleierung Ihrer Vermögensverhältnisse** diese GbR gegründet haben.

Das ist strafbar und einer entsprechenden Anzeige gehen die deutschen Staatsanwälte gern nach.

Warum aber eine GbR gründen?

Ganz einfach, hier können Sie problemlos **Ihr Vermögen investieren** oder umschreiben lassen, ohne dass der Gerichtsvollzieher diese pfänden lassen kann.

Es zählt dann nicht mehr als Privatvermögen sondern als Firmenvermögen und das ist **pfändungssicher**.

> ➢ **Tipp: Aufgepasst!** Das funktioniert **nur bei privaten Schulden**. Bei Firmenschulden klappt dieses Spielchen nicht mehr.

> ➢ **Tipp:** Die Gründung der GbR sollte **mindestens ein Jahr zurückliegen**, dann kann niemand Ihnen unterstellen, dass Sie einen Betrug versuchen.

> ➢ **Tipp:** Ein **Auto** können Sie jeder Zeit auf jemanden anderen **als Halter überschreiben**. Auch bei Firmen, die Sie nebenberuflich betreiben, können Sie den Wagen als **Firmenauto** umschreiben lassen. Dann ist er sogar besser steuerlich absetzbar.

Die Zwangsversteigerung – wie viel Zeit habe ich?

Eine Zwangsversteigerung zählt unter die Pfändung von **unbeweglichen Vermögen**.

Als unbewegliches Vermögen gelten **Grundstücke, Gebäude, Schiffe und Flugzeuge**, die in einer Zwangsversteigerung veräußert werden.

In Form einer Versteigerung vor Gericht wird das Objekt an den Meistbietenden verkauft. Mit dem Erlös bezahlt das Gericht den Gläubiger.

Die **Dauer des ganzen Verfahrens** ist abhängig von **Auslastung der Gerichte** und ob das Grundstück bereits im ersten Termin versteigert werden kann oder nicht.

Wird die Versteigerung zügig betrieben, dann dauert es etwa **ein halbes Jahr**. Doch es sind auch Fälle **von 2 bis 3 Jahren** bekannt.

Am besten Sie rechnen mit der kürzeren Dauer. Denn so sind Sie auf alles vorbereitet und der Versteigerungstermin trifft Sie nicht überraschend.

Wieso wird eine Zwangsverwaltung eingesetzt?

Alles, was die Zwangsversteigerung betrifft, wird in einem besonderen Gesetz, dem **Zwangsversteigerungsgesetz (ZVG)**, geregelt.

Zunächst schreibt Sie der Gläubiger an, dass er einen **Antrag bei dem zuständigen Gericht** auf Zwangsversteigerung stellen wird.

In diesem Fall setzen die meisten Gläubiger gleichzeitig eine **Zwangsverwaltung** ein.

Das heißt für Sie: das Objekt mit seinen **Einnahmen und Ausgaben** wird nun durch jemanden anderen verwaltet, meist einen Rechtsanwalt oder eine Vertrauensperson des Gläubigers.

Damit gehen sämtliche **Mehreinnahmen**, die nach Abrechnung der Ausgaben übrig bleiben, nicht mehr an Sie, sondern werden zur **Tilgung von Schulden** verwendet.

So eine Zwangsverwaltung kann bei einem Haus eventuell bedeuten, dass überschüssiger Wohnraum auch **gewinnbringend vermietet** wird.

Kann ich die Zwangsversteigerung verhindern?

Das können Sie tatsächlich, auch wenn es schwierig ist. Denn meistens sind die Fronten zum Gläubiger verhärtet.

Doch bei einer Zwangsversteigerung **verliert der Gläubiger genauso wie Sie**. In der Regel wird ein Objekt weit unter dem Wert verkauft und deckt damit nie die Kosten des Gläubigers. Sie bleiben in dem Fall verschuldet und fast 90 Prozent ehemaliger Immobilienbesitzer melden nach der Zwangsversteigerung die Privatinsolvenz an.

Also erscheint es nur logisch, wenn Sie und der Gläubiger einen gemeinsamen Weg aus der Zwangsversteigerung suchen.

Eine Möglichkeit besteht in der **einstweiligen Einstellung des Verfahrens** auf Ihren Antrag hin laut **§ 30a ZVG**.

In dem Fall müssen Sie diesen Antrag **innerhalb von 2 Wochen** nach Zustellung des Anordnungsbeschlusses des Gerichts stellen.

Der Anordnungsbeschluss ist die Ankündigung, dass gegen Sie die Zwangsversteigerung eröffnet wurde.

Sie müssen in dem Antrag nachweisen, dass Sie fähig sind, die Schulden **innerhalb von 6 Monaten** an den Gläubiger zurück zu zahlen.

Dann ist es möglich, dass das Gericht Ihrem Antrag zustimmt und das Verfahren für 6 Monate **ruhen bzw. einstellen** lässt.

Sie können sich aber auch auf den **Vollstreckungsschutz § 765a ZPO** berufen. Das ist zum Beispiel zulässig, wenn eine **sittenwidrige Härte** vorliegt.

Dies liegt vor, wenn die Schuldsumme gering ist und Sie entweder eine Großfamilie sind, behinderte Haushaltsangehörige haben oder eine ältere Person sind.

Die einstweilige Einstellung nach **§ 765 a ZPO** ist auch möglich, sollte **Gefahr für Leib und Körper** bestehen.

Der Bundesgerichtshof hat mehrere Urteile gefällt, wonach ein Verfahren zur Zwangsversteigerung einzustellen ist, wenn eine **attestierte Suizidgefahr** vorliegt.

Wird Ihr Antrag abgelehnt, so können Sie eine **sofortige Beschwerde** beim **zuständigen Landgericht** einreichen.

Die Einreichung der sofortigen Beschwerde **verzögert** übrigens die Zwangsversteigerung um **3 Monate**.

Wer also Zeit braucht, sollte mit den Rechtsmitteln spielen und das Potential nutzen.

Doch auch der **Gläubiger** hat die Möglichkeit, das Verfahren auf Grund einer einstweiligen Einstellung nach **§ 30 ZVO** ruhen zu lassen. Diese gilt ebenfalls für **je 6 Monate** und kann **zweimal** vom Gläubiger beantragt werden.

Eine **dritte Einstellungsforderung** gilt als Rücknahme des Versteigerungsantrages und hat als logische Konsequenz die **Aufhebung des Verfahrens** zur Folge.

Zwangsversteigerung zur Aufhebung einer Gemeinschaft – was ist das?

Hier handelt es sich um einen **Sonderfall** der Zwangsversteigerung. Dabei geht es um die Auflösung von Besitz innerhalb einer **Erben- oder Ehegemeinschaft**.

Wie bei einer normalen Zwangsversteigerung wird ein Antrag beim Amtsgericht gestellt. Auch der Ablauf hier ähnelt sehr stark dem Verlauf einer Versteigerung.

Es wird der Wert des Objektes festgestellt und der **Verkehrswert** ermittelt. Dieser Wert wird in einem **Verkehrswertgutachten** festgehalten und allen Beteiligten mitgeteilt. Gegen den Verkehrswert kann **Beschwerde** eingelegt werden.

Es folgt die **Bekanntgabe** des Versteigerungstermins. Dieser wird **12 Wochen vor dem Termin** veröffentlicht.

Bei dem ersten Versteigerungstermin muss ein **Mindestgebot von 75 %** des Verkehrswertes geboten werden.

Sollte es kein Gebot geben, wird ein **zweiter Termin** anberaumt und nun kann es passieren, dass **jedes Gebot**, auch unter 50 %, akzeptiert wird.

Nach der Versteigerung geht das Objekt mit **allen Rechten und Pflichten** an den neuen Eigentümer über.

In seltenen Fällen kann dies erst nach der endgültigen Bezahlung geschehen. Das dürfte dann **8 Wochen** nach der Versteigerung passieren.

Sie sollten jedoch gewährleisten, dass Sie das Objekt **am Tage der Versteigerung** übergeben können.

Nach Abzug der Gerichtskosten und der Bezahlung möglicher Gläubiger wird der Restbetrag an Sie und die anderen Beteiligten **zu gleichen Teilen** ausgezahlt.

Zwangsräumung – was nun?

Eine Konsequenz der **Zwangsversteigerung** kann nun die Zwangsräumung sein, falls Sie noch nicht ausgezogen sind.

Doch auch bei **Mietschulden** ist die Zwangsräumung irgendwann fällig. Auch damit wird der **Gerichtsvollzieher** laut **§ 885 ZPO** beauftragt.

Er teilt Ihnen den **Räumungstermin** rechtzeitig mit. Jetzt ist es erst einmal notwendig, dass Sie eine neue Bleibe finden.

Oder dass Sie eben Ihre **Mietschulden bezahlen**. Die Möglichkeit bleibt bis zum Tag der Zwangsräumung für Sie bestehen. Lesen Sie dazu auch Frage 91.

Vor allem sollten Sie sich selbst auch um eine **andere Wohnung bemühen**. Finden Sie nichts in dieser Zeit dann fragen Sie bei Familienangehörigen oder bei Freunden nach. Vielleicht können Sie dort zeitweise wohnen.

Versuchen Sie in jedem Fall **vor dem Räumungstermin** die Wohnung besenrein und leer **samt Schlüssel zu übergeben**.

Denn die Zwangsräumung ist **mit weiteren Kosten** verbunden, die Sie bezahlen müssen. Und die können schnell einige tausend Euro betragen.

Sollten die Fronten zwischen Ihrem Vermieter und Ihnen verhärtet sein, dann bringen Sie den **Schlüssel bei dem Gerichtsvollzieher** vorbei. Er kümmert sich um alles Weitere.

Notfalls kann auch der Gerichtsvollzieher noch am Räumungstermin helfen. Er würde Sie in einem Obdachlosenheim unterbringen.

> ➤ **Tipp:** Einige **Wohlfahrtsorganisationen** wie das DRK, die AWO , die Caritas, usw. bieten Hilfen an, wie bei **Miet- und Energieschulden**. Suchen Sie rechtzeitig diese Stellen auf. Häufig kann Ihnen dort geholfen werden.

Was passiert bei einer Zwangsräumung?

Eine Zwangsräumung wird durch einen **Gerichtsbeschluss** nach der Räumungsklage angekündigt.

Der Gerichtsvollzieher teilt Ihnen nun den **Räumungstermin** mit. Dieser Termin muss Ihnen **mindestens 3 Wochen vorher** mitgeteilt werden.

Der Beamte gibt Ihnen **Hinweise**, wie Sie sich am besten verhalten und wo Sie sich hinwenden können, um übergangsweise eine Unterkunft zu bekommen.

Bei **Familien mit Kindern** ist er gezwungen, auch das **Jugendamt** von der bevorstehenden Räumung und drohenden Obdachlosigkeit zu informieren.

Auch die **Stadt bzw. die Gemeinde,** in der Sie wohnen, wird nun von dem Räumungstermin unterrichtet. Hier ergeht eine Mitteilung an das zuständige **Ordnungsamt**.

Das alles hat nur einen Grund.

Niemand will, dass Sie wirklich obdachlos werden und diese Mitteilungen verfolgen nur einen Zweck, dass Ihnen geholfen wird.

Sind Sie bis zum Räumungstermin **nicht ausgezogen**, kommt der Gerichtsvollzieher mit dem Vermieter sowie einem Schlosser zu Ihnen und lässt die Wohnung **zwangsöffnen**.

> ➢ **Tipp:** Das verursacht wieder **jede Menge Kosten**, die Ihnen in Rechnung gestellt werden. Darum öffnen Sie die Tür und lassen Sie den Beamten herein.

Ihre Einrichtungsgegenstände und Bekleidung müssen **eingelagert** werden, sollten Sie diese noch nicht ausgeräumt haben. Damit wird ein Spediteur beauftragt und die Gegenstände werden verpackt und in einen Lagerraum gebracht.

> ➢ **Tipp:** Hier kommt der **größte Teil** der Kosten auf Sie zu.

Eindeutiger Nachteil bei dieser Vorgehensweise ist folgender: Sie müssen erst sämtliche Kosten bezahlen, ehe Sie Ihr Eigentum zurück erhalten.

Versuchen Sie schon **vorher Ihre Möbel bei Bekannten, Freunden und Familie** unterzustellen, falls Sie noch keine neue Wohnung haben.

➢ **Tipp: Unpfändbare Sachen oder wertlose Dinge** müssen Ihnen herausgegeben werden, ohne dass Sie irgendwelche Kosten begleichen müssen. Leider wird das Schuldnern häufig verschwiegen. Berufen Sie sich auf **§ 885 III ZPO**. Darin ist diese Regelung festgeschrieben.

➢ **Tipp:** Sie haben nur 2 Monate Zeit, um Ihre Sachen auszulösen. Die **Lagerungsfrist** beträgt **laut § 885 IV ZPO** eben nur diese **2 Monate**. Danach kann der Gerichtsvollzieher die Gegenstände vernichten oder versteigern lassen.

➢ **Tipp:** Der **Erlös** aus der Versteigerung wird zur Begleichung Ihrer Schulden verwendet. Was darüber hinaus übrig bleibt, wird für Sie bei der **Gerichtskasse** hinterlegt **(§ 885 IV ZPO)**.

Ist die **Wohnung leergeräumt** und haben Sie die Wohnung **verlassen**, dann wird vom Gerichtsvollzieher den **Schlüssel dem Gläubiger** übergeben.

Sollten Sie **nicht freiwillig** die Wohnung räumen, wird die **Polizei** hinzugezogen und diesen Einsatz müssen Sie auch zahlen.

- Bitte bedenken Sie folgendes: Alles, was Sie **gegen den Räumungsbescheid** unternehmen, hat nur eine **aufschiebende Wirkung**. Sie können also letztlich nur Zeit herausholen. Doch nutzen Sie die Zeit sinnvoll.

Kann ich etwas gegen die Zwangsräumung tun?

Tritt die Zwangsräumung selbst ein, dann haben Sie nicht mehr viele Möglichkeiten. Aber Sie sollten vorher Ihre Chancen nutzen.

Sie könnten einen Antrag auf **Vollstreckungsschutz** nach § 765 a ZPO stellen. Der ist aber abhängig davon:

- ob jemand in Ihrem Haushalt **sechs Wochen vor oder nach der Entbindung** steht,

- ob Sie **schwer krank** sind,

- ob Sie eine **Wohnung in den nächsten 8 Wochen** in Aussicht haben

- oder ob Sie **zu alt** für den Umzug sind.

Eine weitere Möglichkeit besteht in der **Übernahme der Mietschulden**. Fragen Sie in Ihrem Bürgerbüro oder bei Ihrem Gemeindeamt nach, wo Sie sich hinwenden müssen.

Meistens ist das Amt für Wohnungssicherung zuständig. Dort müssen Sie umgehend einen

Antrag auf Übernahme der Mietschulden stellen **nach § 22 SGB II bzw. nach § 34 SGB XII**.

Dieses Amt hilft Ihnen auch bei der Suche nach **Ersatzwohnraum** bzw. bietet Ihnen eine **Gewährleistungswohnung** an. Das waren früher die bekannten Sozialwohnungen, über die jede Gemeinde verfügt.

Oder Sie versuchen bis zum Räumungstermin, die **Mietschulden zu tilgen**. Fragen Sie bei **Freunden und der Familie** nach, wenn das Amt Ihnen nicht helfen will.

Denn die Gewährung von Beihilfen bei Mietschulden von Seiten der AWO oder des DRKs kann lange dauern.

Meine Kinder werden vom Gerichtsvollzieher abgeholt, darf er das?

Ja, das darf er und das ist für den Gerichtsvollzieher sicher genauso wenig einfach wie für Sie.

Hier geht ein **Gerichtsbeschluss** voraus (meistens durch das Familiengericht). Haben Sie gegen diesen Beschluss keine Rechtsmittel eingelegt, dann wird dieser **rechtskräftig**.

Auf Grund dieses Gerichtsbeschlusses muss der Beamte bei Ihnen erscheinen und wird Ihre Kinder notfalls auch mit **Polizeiunterstützung** in ein Heim bringen.

Dieser Einsatz für den Gerichtsvollzieher findet selten statt. Doch wenn man einen Beamten fragt, so zählt dies zu den Aufgaben, die den Gerichtsvollzieher ebenso belasten wie die Kinder und Sie.

Darum lassen Sie es nicht so weit kommen. Am meisten leiden **Ihre Kinder** unter solch einem Einsatz.

Was darf der Gerichtsvollzieher an den Gläubiger weiterleiten?

Außerhalb der der Eidesstattlichen Versicherung darf er nur das Pfändungsprotokoll an den Gläubiger weiterleiten.

Vertrauliche Informationen wie eine mögliche Erbschaft oder ähnlich Privates (wie Krankheiten, sexuelle Orientierung, etc.) unterliegen dem Datenschutz und dürfen nicht an den Gläubiger mitgeteilt werden.

Solche **Datenschutzregelungen** betreffen übrigens auch die **Familienangehörigen** des Gerichtsvollziehers.

Leider halten sich einige Beamten nicht daran und schneller als allgemein angenommen wird, machen Ihre finanziellen Verhältnisse die Gesprächsrunde.

Die Krönung war die Lebensgefährtin eines Gerichtsvollziehers, die sämtlichen Brief- und Emailverkehr Ihres Partners überwachte.

Dabei machte sie auch nicht Halt vor vertraulichen Daten bzw. Emails des Beamten aus seiner Arbeit.

Wann liegt eine Befangenheit des Gerichtsvollziehers vor?

Der **§ 155 GVG** setzt dem Gerichtsvollzieher aber auch Grenzen, wenn er in einem **verwandtschaftlichen** oder **selbst betroffenen Verhältnis** zu Ihnen oder dem Gläubiger steht.

In diesem Fall darf der Gerichtsvollzieher nicht tätig werden und das Amtsgericht bestimmt einen anderen Gerichtsvollzieher.

Haben Sie gegen den Beamten eine **Beschwerde oder Klage eingereicht**, dann wird Ihnen automatisch ein neuer Gerichtsvollzieher zu geteilt, da nun eine eindeutige Befangenheit vorliegt.

Doch auch wenn Sie und der Gerichtsvollzieher **befreundet** sind oder ein sexuelles Verhältnis haben bzw. hatten, dann kann der Beamte einen Kollegen fragen, ob dieser Ihren Fall übernimmt.

Es muss also nicht erst vom Gericht eine Befangenheit festgestellt werden, sondern der Gerichtsvollzieher hat auch Möglichkeiten, von sich aus zu handeln.

Was zählt als Bestechung?

Sie werden lachen, eigentlich zählt **alles** als Bestechung. Selbst eine Tasse Tee an einem eiskalten Tag kann als Bestechung ausgelegt werden, wenn man sehr kleinlich ist.

Es ist **abhängig von dem jeweiligen Gerichtsvollzieher**, was er als Bestechung wertet.

Mit Sicherheit wird der Beamte kein Geld oder andere Vergünstigungen annehmen, um nicht zu pfänden. Denn das kann ihn seinen **Job kosten** und da die meisten Gerichtsvollzieher nichts anderes gelernt haben, werden sie diesen Posten nicht aufs Spiel setzen.

Bei möglichen Bestechungen sind unsere Strafbehörden sehr rigoros. Aber gegen eine angebotene Tasse Kaffee oder Tee wird niemand etwas sagen.

Grundregel: Vermeiden Sie alles, was nach **Bestechung** aussehen könnte. Sind Sie unsicher, ob ein Tee bei eiskaltem Wetter von dem Beamten als solche betrachtet wird, dann fragen Sie ihn direkt.

Kann ich mich gegen den Gerichtsvollzieher wehren?

Ja, das können Sie. Und das sogar recht erfolgreich. Nur sollten Sie abwägen, was ein tatsächlicher Grund für eine **Klage oder Beschwerde** gegen den Gerichtsvollzieher ist.

Sie müssen in erster Linie unterscheiden, welcher Weg für welche Verfehlung in Frage kommt. Dazu habe ich Ihnen folgende Liste vorbereitet:

- ✓ Diskriminierung, Beleidigung, Aufforderung zur Bestechung bringen Sie als Beschwerde bei dem zuständigen Amtsgericht umgehend ein.

- ✓ Sexuelle Belästigungen, Nötigungen oder körperliche Übergriffe zeigen Sie bei der örtlichen Polizeistation an. Auch wenn Sie hier nichts durch einen Zeugen beweisen können, packen Sie Ihre Kleidung in eine saubere Plastiktüte ein und waschen Sie sich nicht, auch wenn es Ihnen widerstrebt. Eventuelle Spuren können so gesichert werden.

> **Tipp:** Da Sie aber stets in der Beweispflicht sein werden, sollten Sie dafür sorgen, dass immer jemand bei Ihnen ist, sobald der Gerichtsvollzieher seinen Besuch ankündigt.

Sexuelle Belästigung durch den Gerichtsvollzieher – wie verhalte ich mich richtig?

Sexuelle Belästigungen durch den Gerichtsvollzieher sind gar nicht mal so selten. Sie kommen aber aus Angst und Unwissenheit kaum zur Anzeige.

Leider nutzen einige Gerichtsvollzieher ihre Stellung und die damit verbundene Macht aus für **Nötigungen oder sexuelle Übergriffe** aus. Da sich ihre Opfer nicht wehren, fühlen sich diese Beamten bestätigt.

Die Frage ist, **wo beginnt** eine sexuelle Belästigung. Die Antwort ist relativ einfach. **Genau da, wo Sie eine Berührung oder Anspielung als sexuelle Belästigung empfinden**.

Nur weil der Gerichtsvollzieher zu Ihnen kommt, sind Sie **nicht zum Freiwild** geworden. Lassen Sie sich sexuelle Anspielungen oder Betatschen nicht gefallen.

Sagen Sie unmissverständlich, dass der Beamte seine Bemerkungen und Finger bei sich behalten soll.

Reicht das nicht oder fühlen Sie sich der Situation nicht gewachsen, dann gehen Sie anschließend **sofort zur Polizei** und erstatten Anzeige gegen den Gerichtsvollzieher.

> ➢ **Tipp: Bitte werfen Sie die Kleidung nicht weg oder gehen Sie duschen!**

Um Ihre Aussage zu untermauern, wird jedes Stückchen **DNA** benötigt und davon kann sich viel auf Ihrer Kleidung wie Ihrer Haut befinden.

> ➢ **Tipp:** Versuchen Sie **nie allein zu sein**, wenn Sie den Gerichtsvollzieher in die Wohnung herein lassen. Auch das beugt solchen Übergriffen effektiv vor.

> ➢ **Tipp:** Zu eventuellen **Terminen ins Büro** des Gerichtsvollziehers nehmen Sie auch eine weitere Person mit. Das hindert effektiv, den Beamten irgendwelche Dinge zu versuchen.

> ➢ **Tipp:** Sind Sie allein im Büro mit dem Beamten, passen Sie auf, dass die **Tür nicht geschlossen** wird. Reden Sie sich mit Platzangst raus, das leuchtet den meisten Gerichtsvollziehern ein.

Kann ich den Gerichtsvollzieher wechseln?

Unter bestimmten Voraussetzungen ist das tatsächlich möglich.

Zum Beispiel wird **sofort vom Gericht** selbst ein Wechsel angeordnet, sobald Sie eine **Beschwerde** gegen den Gerichtsvollzieher einreichen.

Auch bei einer **Dienstaufsichtsbeschwerde** oder bei einer **Anzeige bei der Polizei** wird ein sofortiger Wechsel des Beamten angewiesen.

Sollten Sie befürchten, dass der Gerichtsvollzieher **Ihnen gegenüber befangen** sein könnte, dann müssen Sie das **gut begründen** und bei Gericht einen **entsprechenden Antrag** stellen.

> ➤ **Tipp:** Schon in dem Fall **Ihres Antrags** wird der Beamte gewechselt.

Falls Sie feststellen, dass Ihr Gerichtsvollzieher **gleichzeitig für einen Rechtsanwalt oder ein Inkassobüro** arbeitet, dann liegt ein **Interessenkonflikt** vor und Sie können ebenfalls einen anderen Beamten einsetzen lassen.

Bemerken Sie, dass sich der Gerichtsvollzieher **nicht an die Vorschriften** hält, dann können Sie gleichfalls einen Wechsel beantragen.

Haben Sie **verwandtschaftliche Verbindungen** zum Gerichtsvollzieher oder er ist verwandt bzw. befreundet mit dem **Gläubiger**, dann liegt auch ein Interessenkonflikt vor und der Beamte muss Ihren Fall an einen anderen Gerichtsvollzieher abgegeben.

Etwas schwieriger ist der Fall, wenn Sie in der Vergangenheit eine **Beziehung** oder ein **sexuelles Verhältnis** mit dem Gerichts-vollzieher hatten.

Dann liegt natürlich auch eine **Befangenheit** vor. Nur ist es schwierig, diese Beziehung nachzuweisen.

Doch für den Anfang genügt ein **Befangenheitsantrag** bei Gericht und Sie bekommen einen anderen Beamten zugeteilt.

Voraussetzung für einen Wechsel des Gerichtsvollziehers ist aber immer **Ihr Antrag** bei Gericht.

> ➢ **Tipp:** Auch wenn Sie den Gerichtsvollzieher wechseln, Sie werden trotzdem nicht der eigentlichen Pfändung entgehen. Sie verschaffen sich dadurch nur **etwas Zeit.**

> ➢ **Tipp:** Ein anderer Gerichtsvollzieher heißt nicht für Sie **ein anderes Verfahren.** Im Gegenteil. Es kann Ihnen passieren, dass nun der neue Beamte, der für Sie eingesetzt wird, es ganz **genau mit den Vorschriften** nimmt. Denn schließlich will er nicht das gleiche Schicksal seines Vorgängers teilen.

Welche Kosten darf ein Gerichtsvollzieher für seine Tätigkeit veranschlagen?

Verhältnismäßig unbekannt sind die Kosten eines Gerichtsvollziehers. Meistens werden sie auf die Schuldsumme aufgeschlagen und keiner schaut so richtig nach, ob diese Kosten tatsächlich korrekt sind.

Wir haben uns die Kostenverordnung für Gerichtsvollzieher einmal angesehen und folgende Aufstellung für Sie gefunden: (Gerichtsvollzieherkostengesetz – GvKostG)

Zustellung auf Betreiben der Parteien

Die Zustellung an mehrere Personen gilt als eine Zustellung (§ 189 Abs. 2 ZPO)

Persönliche Zustellung durch den Gerichtsvollzieher	7,50
Sonstige Zustellung	2,50
Beglaubigung eines Schriftstückes, das dem Gerichtsvollzieher zum Zwecke der Zustellung übergeben wurde (§ 170 Abs. 2 ZPO), je Seite	0,50

Vollstreckung	
Amtshandlung nach § 845 Abs. 1 Satz 2 ZPO (Vorpfändung)	12,50
Pfändung Neben dieser Gebühr wird gegebenenfalls ein Zeitzuschlag erhoben	20,00
Übernahme beweglicher Sachen zum Zwecke der Verwertung i. d. Fällen d. §§ 847 und 854 ZPO	12,50
Übernahme des Vollstreckungsauftrags von einem anderen Gerichtsvollzieher, wenn der Schuldner unter Mitnahme der Pfandstücke in einen anderen Amtsgerichtsbezirk verzogen ist	12,50
Entfernung von Pfandstücken, die im Gewahrsam des Schuldners, des Gläubigers oder eines Dritten belassen waren. Die Gebühr wird auch dann nur einmal erhoben, wenn die Pfandstücke aufgrund mehrerer Aufträge entfernt werden.	12,50

Wegnahme oder Entgegennahme beweglicher Sachen durch den zur Vollstreckung erschienenen Gerichtsvollzieher	20,00
Wegnahme oder Entgegennahme einer Person durch den zur Vollstreckung erschienenen Gerichtsvollzieher. Je Person…	40,00
Entsetzung aus dem Besitz unbeweglicher Sachen oder eingetragener Schiffe oder Schiffsbauwerke und die Einweisung in den Besitz (§ 885 ZPO)	75,00
Wegnahme ausländischer Schiffe, die in das Schiffsregister eingetragen werden müssten, wenn sie deutsche Schiffe wären, und ihre Übergabe an den Gläubiger.	100,00
Übergabe unbeweglicher Sachen an den Verwalter im Falle der Zwangsversteigerung oder Zwangsverwaltung	75,00
Zuziehung zur Beseitigung des Widerstands des Schuldners gegen die Vornahme einer Handlung (§ 892 ZPO) – Beispiel Polizeieinsatz	40,00

Abnahme der eidesstattlichen Versicherung	30,00
Verhaftung, Nachverhaftung, zwangsweise Vorführung	30,00
Versteigerung oder Verkauf von - beweglichen Sachen, - Früchten, die noch nicht vom Boden getrennt sind, - Forderungen oder anderen Vermögensrechten	40,00
Öffentliche Verpachtung an den Meistbietenden	40,00
Anberaumung eines neuen Versteigerungs- oder Verpachtungstermins Die Gebühr wird nur erhoben, wenn der vorherige Termin auf Antrag des Gläubigers oder des Antragstellers oder nach den Vorschriften der §§ 765a, 775, 813a, 813b ZPO nicht stattgefunden hat oder wenn der Termin infolge des Ausbleibens von Bietern oder wegen ungenügender Gebote erfolglos geblieben ist.	7,50
Mitwirkung bei der Versteigerung durch einen Dritten (§ 825 Abs. 2 ZPO)	12,50

Bewachung und Verwahrung eines Schiffes, eines Schiffsbauwerks oder eines Luftfahrzeugs (§§ 165, 170, 170a, 171, 171c, 171g, 171h ZVG, § 99 Abs. 2, § 106 Abs. 1 Nr. 1 des Gesetzes über Rechte an Luftfahrzeugen)	75,00
Feststellung der Mieter oder Pächter von Grundstücken im Auftrag des Gerichts je festgestellte Person .... Die Gebühr wird auch erhoben, wenn die Ermittlungen nicht zur Feststellung eines Mieters oder Pächters führen.	5,00
Tatsächliches Angebot einer Leistung (§§ 293, 294 BGB) außerhalb der Zwangsvollstreckung	12,50
Beurkundung eines Leistungsangebots	5,00
Entfernung von Gegenständen aus dem Gewahrsam des Inhabers zum Zwecke der Versteigerung oder Verwahrung außerhalb der Zwangsvollstreckung	12,50

Entgegennahme einer Zahlung, wenn diese nicht ausschließlich auf Kosten nach diesem Gesetz entfällt, die bei der Durchführung des Auftrags entstanden sind Die Gebühr wird auch erhoben, wenn der Gerichtsvollzieher einen entgegengenommenen Scheck selbst einzieht oder einen Scheck aufgrund eines entsprechenden Auftrags des Auftraggebers an diesen weiterleitet. Die Gebühr wird nicht im Falle des § 12 Abs. 2 GvKostG erhoben.	3,00
Zeitzuschlag, sofern dieser bei der Gebühr vorgesehen ist, wenn die Erledigung der Amtshandlung nach dem Inhalt des Protokolls mehr als 3 Stunden in Anspruch nimmt, für jede weitere angefangene Stunde Maßgebend ist die Dauer der Amtshandlung vor Ort.	15,00
Nicht erledigte Zustellung	2,50
Nicht erledigte Wegnahme einer Person	20,00
Nicht erledigte Entsetzung aus dem Besitz, Wegnahme ausländischer Schiffe oder Übergabe an den Verwalter	25,00

Nicht erledigte Beurkundung eines Leistungsangebots	5,00
Nicht erledigte Amtshandlung. Die Gebühr für die nicht abgenommene eidesstattliche Versicherung wird nicht erhoben, wenn diese deshalb nicht abgenommen wird, weil der Schuldner sie innerhalb der letzten drei Jahre bereits abgegeben hat (§ 903 ZPO).	12,50
Pauschale für die Herstellung und Überlassung von Dokumenten: 1. Ablichtungen, a) die auf Antrag angefertigt oder per Telefax übermittelt werden, b) die angefertigt werden, weil der Auftraggeber es unterlassen hat, die erforderliche Anzahl von Ablichtungen beizufügen: für die ersten 50 Seiten je Seite	0,50
Je weitere Seite	0,15
Überlassung von elektronisch gespeicherten Dateien anstelle von Ablichtungen: je Datei	2,50

Entgelte für Zustellungen mit Zustellungsurkunde	In voller Höhe
Kosten, die durch öffentliche Bekanntmachung entstehen	In voller Höhe
Nach dem JVEG an Zeugen, Sachverständige, Dolmetscher und Übersetzer zu zahlende Beträge	In voller Höhe
An die zum Öffnen von Türen und Behältnissen sowie an die zur Durchsuchung von Schuldnern zugezogenen Personen zu zahlende Beträge .	In voller Höhe
Kosten für die Umschreibung eines auf den Namen lautenden Wertpapiers oder für die Wiederkurssetzung eines Inhaberpapiers.	In voller Höhe
Kosten, die von einem Kreditinstitut erhoben werden, weil ein Scheck des Vollstreckungsschuldners nicht eingelöst wird	In voller Höhe
An Dritte zu zahlende Beträge für die Beförderung von Personen, Tieren, Sachen, das Verwahren von Tieren und Sachen, das Füttern von Tieren, die Beaufsichtigung von Sachen sowie das Abernten von Früchten	In voller Höhe

An Einwohnermeldestellen für Auskünfte über die Wohnung des Beteiligten zu zahlende Beträge	In voller Höhe
Kosten für Arbeitshilfen	In voller Höhe
Pauschale für die Benutzung von eigenen Beförderungsmitteln des Gerichtsvollziehers zur Beförderung von Personen und Sachen je Fahrt	5,00
Das anstelle der tatsächlichen Reisekosten zu erhebende Wegegeld für zurückzulegende Wegstrecken innerhalb des Bezirks des Amtsgerichts, dem der Gerichtsvollzieher zugewiesen ist, oder innerhalb des dem Gerichtsvollzieher zugewiesenen Bezirks eines anderen Amtsgerichts beträgt für jeden Auftrag bei einer Entfernung des am weitesten entfernten Zieles vom Amtsgericht	
Bis zu 10 km	2,50
Von 10 bis 20 km	5,00
Von 20 bis 30 km	7,50

Über 30 km	10,00
Reisekosten außerhalb des Gebietes, dass der Beamte bearbeitet	Volle Erstattung
Pauschale für sonstige Auslagen je Auftrag	20 % der Gebühren, aber mindestens 3,00 und höchstens 10,00 EUR

Unverschuldet verschuldet- hier kann der Gerichtsvollzieher helfen

Besonders Frauen nach einer Trennung stehen urplötzlich vor einem Schuldenberg und wissen erst einmal nicht weiter.

Kommt dann auch noch der Gerichtsvollzieher vorbei und will pfänden, dann wird meist erst in diesem Augenblick das Ausmaß der hinterlassenen Schulden klar.

Eins gleich vorweg: Sie sind **nicht verpflichtet,** den Gerichtsvollzieher hereinzulassen, wenn Ihr Partner nicht mehr bei Ihnen wohnt und es sich um seine Schulden handelt.

Doch vielleicht sollten Sie nicht so rigoros sein. Viele Gerichtsvollzieher sind freundlich und klären Sie über **Ihre Möglichkeiten** auf, sollte es sich bei Ihnen um Schulden handeln, die Sie nicht verursacht haben.

Mitunter wird Ihnen der Gerichtsvollzieher raten **sofortige Beschwerde** gegen den Pfändungsbeschluss einzureichen.

Oder er hilft Ihnen bei der **Kontaktaufnahme** zum Gläubiger.

Inhalt

Bei unserem Verlag erschienen:

100 FRAGEN ZUR PRIVATINSOLVENZ

ISBN 978-3-8423-5737-2

Die 100 am meisten gestellten Fragen zur Privatinsolvenz im In- und Ausland wurden in diesem Buch umfassend und leicht verständlich beantwortet. Dazu wurden mehr als 370 Internetforen mit Fragen zur Privatinsolvenz ausgewertet. Die Antworten sind 100prozentig legal und halten überraschende Tipps und Tricks sowie aktuelle Informationen für den Leser bereit. Die Autorin knüpft mit diesem neuen Ratgeber an ihre bisherigen Bucherfolge und Veröffentlichungen nahtlos an. Diesmal beantwortet sie Fragen zur Privatinsolvenz, die viele Menschen beschäftigen. Gleichzeitig räumt sie mit Vorurteilen auf und macht Mut für einen Weg zu einem Leben ohne Schulden.

ALLES ZUR PRIVATINSOLVENZ

ISBN 978-3-8423-5970-3

Möchten Sie wissen, was ein Treuhänder alles darf oder wie Sie sich selbständig machen können trotz Schulden bzw. der Privatinsolvenz? Diese Antworten und noch viel mehr finden Sie in diesem Ratgeber, einfach und verständlich erklärt. Ehrlich und offen werden alle möglichen Aspekte der Privatinsolvenz in Deutschland und im europäischen Ausland betrachtet und beantwortet. Kritisch werden Vor- und Nachteile wie die einzelnen Schritte der Privatinsolvenz vorgestellt und andere Möglichkeiten zur Vermeidung einer privaten Insolvenz genannt. Ungewöhnliche Tipps zum Schuldenabbau und umfangreiche Informationen runden das Buch optimal ab. Dazu ist alles kinderleicht und nachvollziehbar erklärt, so dass viele undurchsichtige Abläufe einfach und verständlich werden.